中华人民共和国史小丛书

中国轨道交通新跨越（1978—2018）

彤新春　著

北京出版集团
北京人民出版社

图书在版编目（CIP）数据

中国轨道交通新跨越：1978—2018 / 彤新春著. —北京：北京人民出版社，2019. 12
（中华人民共和国史小丛书）
ISBN 978-7-5300-0465-4

Ⅰ. ①中… Ⅱ. ①彤… Ⅲ. ①轨道交通—交通工程—中国—1978-2018 Ⅳ. ①U2

中国版本图书馆 CIP 数据核字(2019)第 202308 号

中华人民共和国史小丛书
中国轨道交通新跨越（1978—2018）
ZHONGGUO GUIDAO JIAOTONG XIN KUAYUE
彤新春 著
*
北京出版集团
北京人民出版社 出版
（北京北三环中路6号）
邮政编码：100120
网址：www.bph.com.cn
北京出版集团总发行
新华书店经销
北京建宏印刷有限公司印刷
*
880 毫米×1230 毫米　32 开本　6 印张　100 千字
2019 年 12 月第 1 版　2020 年 12 月第 2 次印刷
ISBN 978-7-5300-0465-4
定价：36.00 元
如有印装质量问题，由本社负责调换
质量监督电话：010-58572393

序

“中华人民共和国史小丛书”是为响应党中央关于在党员干部和广大群众特别是青年学生中加强新中国史学习、开展新中国史教育与宣传的号召，由中国社会科学院当代中国研究所和北京出版集团联合编辑出版的一套新中国史普及读物。

中华人民共和国史是指1949年中华人民共和国成立后，中国版图之内的社会与自然的历史。它上承中国近代史，是中国的现代史、当代史，或者说是中国历史的现代部分、当代部分。这一历史至今已有70年，目前仍在继续向前发展。它是中国有文字记载以来的历史中，真正由人民当家作主，且社会最稳定、民族最团结、国力最强盛、人民生活最富裕、经济和科技进步最快的时期。

早在新中国成立后不久，便有人研究和撰写新中国史，但严格意义上的新中国史编研，应当说始于中共十一届三中全会后对建国以来若干重大历史问题的总结。从那时起，党和国家陆续编辑出版了大量有关新中国史的文献书、资料书，成立了专事编研新中国史的当代中国研究所和各地编研当地当代史的机构，建立了全国性的新中国史工作者的社会团体和许多学术平台，产生了不胜枚举的新中国史学术成果，也涌现出为数众多的新中国史编研人才。所有这些，都为新中国史编研的持续开展提供了必要条件，奠定了坚实基础。

党的十八大以来，以习近平同志为核心的党中央，对新中国史的学习、研究、宣传给予了前所未有的高度重视。习近平每当讲到党史时，往往把它与新中国史并提。他强调："学习党史、国史，是坚持和发展中国特色社会主义、把党和国家各项事业继续推向前进的必修课。""要认真学习党史、国史，知史爱党，知史爱国。"

2019年3月"两会"期间，习近平在参加全国政协社会科学界与文艺界委员联席会时进一步指出，我们国家在过去70年里发生了翻天覆地的变化，希望大家深刻反映新中国70年来党和人民的奋斗实践，深刻解读新中国70年历史性变革中所蕴藏的内在逻辑，讲清楚历史性成就背后的中国特色社会主义道路、理论、制度、文化优势，更好用中国理论解读中国实践，为党和人民继续前进提供强大精神激励。

同年7月，中共中央"不忘初心、牢记使命"主题教育领导小组又专门就认真学习党史和新中国史的工作印发通知，要求各地区、各部门、各单位把学习党史、新中国史作为主题教育的重要内容。

党中央对新中国史学习与宣传教育的高度重视，为新中国史编研的进一步开展创造了良好的社会环境，也大大提高了社会对新中国史的关注度和对新中国史书籍的需求。本丛书就是在这种大背景下策划和推出的。

本丛书以展示新中国历史发展的主题、主线、主流、本质为宗旨，以新中国的典章制度和重要事件、人物以及事业发展、社会变迁、历史成就为内容，以新中国史学科的专家、学者为依托，以中等以上文化程度的读者为对象，以学术性、准确性、通俗性相结合为原则，以记叙文为文体。每本书只记述一件事或一个人物，字数一般在10万字左右。

新中国史的内容极为丰富，应写、可写的题目非常之多，但囿于编委会能力所限，第一批书目仅列了100种，计划每年推出10～20本，在五六年内出齐。今后如有可能，我们将会继续编辑出版。

今年是中华人民共和国成立70周年，我们谨以本丛书向70周年大庆献礼，祝愿我们的伟大祖国不断繁荣昌盛，从胜利走向新的胜利！

朱佳木

2019年9月1日

目　录

前言　高铁——通向世界的中国名片

从“绿皮车”“红皮空调车”再到“和谐号”“复兴号”高铁动车组，时速由100公里、200公里再到350公里，最高达400公里，这是中国轨道交通从20世纪七八十年代到如今的发展写照，中国轨道交通在“加速度”中跨入新时代。过去5年，中国铁路以平均每天近16公里的速度延伸。截至2018年年底，全国铁路营业里程达到13.1万公里，全国铁路路网密度136.0公里/万平方公里，其中高铁营业里程2.9万公里以上，占全世界总里程的2/3以上，中国成为世界上高铁里程最长、运输密度最高、成网运营场景最复杂的国家。中国高铁动车组已累计运输旅客突破90亿人次，成为中国铁路旅客运输的主渠道。从没有一寸高速铁路，到成为世界上高速铁路运营里程最长、在建规模最大的国家，这是中国交通创造的奇迹。本书意在揭示改革开放以来，中国轨道交通的巨大进步，尤其是以高铁为代表的中国全产业链发展的惊人成绩。

国际铁路联盟高速铁路部总监巴伦感慨地说，铁路发展正进入一个大时代，中国正成为全球的领跑者，世界铁路的未来在中国。84%的中国标准、50%的寿命提升、17%的人均能耗下降……美国中文报纸《侨报》刊文称，“纯中国血统”的“复兴号”亮相，标志着中国高铁在技术创新、制造升级等方面取得突破性进展，并将成为中国高铁“走出去”的主力军。中老铁路、印尼雅万高铁、中泰铁路项目相继开工，东非地区首条现代化城市轻轨——埃塞俄比亚轻轨已交付运营，肯尼亚蒙内铁路竣工通车；中欧班列开行已超过上万列，亚欧大陆经济联系更加密切。亚欧大陆拥有世界人口的75%，地区生产总值约占世界总额的60%，东面是活跃的东亚经济圈，西面是发达的欧洲经济圈，中间广大腹地经济发展潜力巨大。特别是“一带一路”沿线国家资源禀赋各异，经济互补性强，合作空间广阔。随着“一带一路”建设深入推进，我国与欧洲沿线国家的经贸往来发展迅速，物流需求旺盛，贸易通道和贸易方式不断丰富和完善，为中欧班列带来了难得的发展机遇。

美国是轨道交通的发源地，对轨道交通产品的技术、运营商资质等均有严格标准。中国提供的列车车辆不仅在结构强度、控制安全、质量管理体系等方面满足了120余项美国标准，还满足了美国残疾人协会标准、美国环境署标准、马萨诸塞州公共交通安全运行法案、美国人体工程军工MIL标准等诸多标准的要求。自2014年首次登陆美国以来，“中车制造”已经在短短三年内进入波士顿、芝加哥、洛杉矶、费城四大城市，获得的地铁和通勤客车订单达1596辆。

集中力量办大事是中国的制度优势，中国高铁也是这种发展模式的成功范例。中国高铁走的是一条面向问题、目标引领、需求导向的科技创新路径：从基础材料到控制，从电子到化工，从机械到信息，在所有涉及高铁技术的领域开展了高度自主化的创新。20多家国内顶级高校、50多家重点实验室和创新能力平台、500多家配套企业参与其中。从高寒地带到热带海岛，从特大荒漠风区到极端艰险的山区，中国的高铁建设取得了举世瞩目的成绩。到2025年，中国高速铁路网络将达到3.8万公里，覆盖中国240座中型以上的城市，它将彻底改变这片土地上距离与时空的概念。

2012年，中共十八大做出了实施创新驱动发展战略的重大部署。明确提出要着力构建现代化交通网络系统，平衡各种运输方式，加快形成安全、便捷、高效、绿色、经济的综合交通体系等一系列新思想新要求。过去5年间，中国高铁实现快速发展。来自中铁总的统计显示，2013年至2018年，全国铁路完成固定资产投资将近5万亿元，新增铁路营业里程3.4万公里，其中高铁1.96万公里，是历史上铁路投资最集中、力度最大的时期。

2017年，中共十九大报告明确提出了要建设“交通强国”的发展战略，努力实现由交通大国向交通强国的转变，进入世界交通强国前列。

第一章　轨道交通初步发展(1978—2000年)

新中国成立后，面对积贫积弱的发展现状，中国共产党和国家领导集体审时度势，采取了重工业发展优先战略，这无疑挤占其他关系国计民生领域的投资，交通运输业在一个时期内发展缓慢。世界各国经济增长的发展轨迹也表明了交通运输业的先导性和基础性地位，第二次工业革命（电气化）促进了交通运输业飞速发展，造就了几个有代表性的资本主义国家的崛起，它们被誉为“车轮上”（火车和汽车）的国家，交通运输尤其是铁路运输的四通八达带来了多种生产力要素的合理流动，为资本主义发展插上了翅膀。许多发达国家和新兴国家普遍经历了铁路超前发展的时期，在经济建设高潮到来之前投入大量资金先期修建铁路，以筑路高潮带动相关行业的发展高潮，进而促进国民经济整体步入发展快车道。美、英、德、法铁路发展最快的时期大致在19世纪中后期到20世纪初，铁路的建设为以后的经济发展和工业现代化提供了坚实的基础。与此同时，中国的铁路投资呈现缓慢增长特点，落后于国民经济发展水平。审视1952年、1978年中国GDP结构占比中交通运输业的情况，可以发现交通运输业所占份额的有限制约了其自身的发展和对经济增长的贡献（见表1–1）。

表1–1　1952年、1978年中国GDP结构占比一览表

单位：%

年份	种植业、畜牧业、渔业、林业	工业	建筑业	交通运输业	商业与餐饮业	其他服务业（含政府部门）	GDP总额
1952	59.7	8.3	1.7	2.4	6.7	21.2	100
1978	34.4	33.5	3.4	3.6	5.1	20.1	100

资料来源于［英］麦迪森：《中国经济的长期表现（公元960—2030年）》，伍晓鹰、马德斌译，上海人民出版社2008年版，第56页。

世界银行对中国经济考察后提出的《中国与国际运输指标研究》报告指出：发展中国家为实现工业化，交通运输业投资一般应占总投资的20%～28%，但从我国投资于铁路基本建设的情况看，其比重明显过低。以国家统计年鉴资料计算：国家投资于铁路的建设资金占总投资的比例“一五”期间为11.4%，远低于统计水平。“六五”“七五”时期交通投资占GDP比重维持在0.8%～1.9%，占社会投资总额的比重在3.3%～6.7%。“六五”期间，全社会固定资产投资合计7997.6亿元，交通投资只有455.1亿元，只占5.7%；“七五”期间，全社会固定资产投资合计20593.5亿元，交通投资只有873.3亿元，只占4.2%，呈现出回落的态势。

第一节　改革开放解放生产力

1978年12月18日，中共十一届三中全会正式召开，把“解放思想，开动脑筋，实事求是，团结一致向前看”确立为中国共产党在新的历史时期的总的指导方针。中共十一届三中全会对经济工作十分重视，除了确定现代化经济建设作为全国各项工作不可动摇的中心任务外，开始纠正经济工作中长期存在的“左”的错误。

十一届三中全会后，城市经济体制改革也开始试点工作，如：逐步扩大企业自主权；把一部分中央和省、自治区直属企业下放给城市管理；实行政企分开；进行城市经济体制综合改革试点；等等。

经济体制改革首先在农村取得成功。“包产到户”和“包干到户”（简称“双包”）责任制，作为家庭联产承包的基本形式，是中国农村基本制度的重大改革。十二大以后，农村的家庭联产承包责任制迅速推向全国，农业生产终于摆脱长期停滞的困境。农作物大面积增产，农民收入大幅度增加，一些高档消费品开始进入普通农民家庭。“农副产品的增加，农村市场的扩大，农村剩余劳动力的转移，强有力地推动了工业的发展。农业和工业，农村和城市，就是这样相互影响、相互促进。”[①]十二大后，经济体制改革迅速地在全国范围内全面展开。其特点是：农村改革在巩固的基础上进一步深入；全国改革的重点由农村逐步转向城市；城市体制改革由试点到全面铺开。其他领域的改革也迈出了重大的步伐。中国提前完成了“六五”计划，国民经济和人民生活水平都发生了较大变化。

在全面推进城乡改革的同时，对外开放逐步形成由沿海地区向内地滚动的格局。1978年中国的进出口总额为206亿美元，占世界贸易比重的0.78%。到1990年，外贸进出口总额已经达到115437亿美元，跃居世界第十五位。出口商品的结构自20世纪80年代以来得到了明显的改善，主要表现在出口商品中初级产品的比重迅速下降，而机电产品等在出口商品中的比重大大上升，中国已经从过去的初级产品出口国转变为工业产品出口国。工业品出口的快速增长不仅使出口部门的生产和就业规模扩大，而且带动相关产业的发展，有力地推动了国民经济的增长，为国民经济的发展注入了活力。

“七五”期间，国民生产总值平均每年增长7.8%，工农业总产值平均每年增长11.3%，国民收入平均每年增长

---

① 《邓小平文选》第3卷，人民出版社1993年版，第376页。

7.5%，都超过了“七五”计划的规定。1990年，农业总产值7382亿元，比1985年增长253%，平均每年增长4.6%，超过4%的计划指标；1990年全国工业总产值23851亿元，比1985年增长85.3%，平均每年增长13.1%，超过计划增长7.5%的目标，是继“一五”“六五”时期之后，第三个高速增长时期。

针对20世纪90年代初经济发展中存在的问题以及人们对计划经济和市场经济认识的误区，1992年1—2月，邓小平先后在武昌、深圳、珠海、上海等地发表谈话，率先起来端正经济工作中的指导思想，对改革与发展的重大问题做了明确回答。被压抑的生产力重新爆发了。随着“八五”计划被重新修订，经济建设又重新进入了快车道，“八五”计划的大部分指标均超额完成。1995年，国民生产总值达到57600亿元，在1988年比1980年翻一番的基础上，用7年时间又翻了一番，提前5年实现GDP翻两番的目标，经济实力显著增强，人民生活正在步入小康。

第二节 交通“瓶颈效应”显现

随着改革开放逐步走向深入，极大地解放了被压抑的生产力，工农业取得快速发展，市场呈现购销两旺的喜人景象。同时，人员流动、物资流通快速增长，对交通建设提出了严峻的考验。

1978年之前，国家总体上对交通投入有限，交通运输的发展并没有与社会经济的发展同步。1978年中国公路里程数只有89.0万公里，只相当于美国的14%，相当于印度的64%；高速公路里程数为零，而美国已经有高速公路8.2万公里；铁路通车里程数为5.17万公里，而美国是30.7万公里，是中国的近6倍；民航线路里程数为14.89万公里，也只有美国的一半左右。[①]随着改革开放对生产力的解放，交通运力运量的局限就显现出来，严重制约了国民经济的发展。1979年，对国民经济实行“调整、改革、整顿、提高”的方针，不久即提出“改革、开放、搞活”的总方针。1981年11月3日，第五届全国人民代表大会第四次会议通过的政府工作报告中指出：“国民经济能否保持较快的增长速度，在很大程度上取决于能源、交通问题能否得到恰当的解决。能源和交通的建设要结合起来进行，交通还应该先走一步。目前运输能力不足的铁路区段和吞吐能力不足的港口，必须首先加强技术改造。交通和水利部门要通力合作整治内河航运，大力提高航运能力。同时，要充分利用沿海的海运能力。要想尽一切办法，使交

① 林红梅、齐中熙：《铺就大国腾飞之路——新中国60年交通发展巡礼》，中国网，2009年8月17日，http://www.china com.cn/economic/txt/2009-08/17/content_18347834.htm.

通运输适应整个生产建设事业发展的需要。”1982年9月1日召开的中国共产党第十二次全国代表大会，把交通列为经济发展的战略重点之一。

铁路运输能力严重不足，落后于运量的增长，主要干线已经形成10余个限制区段，通过能力只能满足需要的50%～70%。1978年，党和国家工作的重心转移到经济建设上来，社会和经济的发展对铁路运输的需求迅速增加，运能不足的局面开始出现。因此，“六五”期间把交通建设的重点放在提高晋煤、豫煤外运能力和加强沿海港口后方铁路运输能力，特别是运输“卡脖子”区段通过能力上。1985年，农村改革初见成效，城镇改革起步，运能不足的矛盾又显示出来，铁路运输难以支持国民经济的高速增长，在1978年调整供求矛盾基础上又出现新的危机。1988年，铁路再次出现更为严重的危机，国民经济持续较快发展之后，供求矛盾尖锐，铁路不得不超负荷运转，全路货运需求平均只能满足60%～70%，繁忙干线只能满足货运需求的40%～50%，客运超员平均达30%，有的线路高达100%。1989年《人民日报》为此开辟专栏，就如何改变交通运输滞后局面展开讨论。[①]据测算，当我国工业产值和铁路运量二者之间的弹性系数维持在1：0.5时，铁

① 李学伟、赵新刚：《中国铁路投入产出分析》，中国铁道出版社2004年版，第1—4页。

路运输能力才能符合国民经济发展的要求，但由于铁路运输能力增长过于缓慢，从1978年开始，弹性系数不断下降，到1988年下降到1：0.147，使铁路运输呈现全面紧张状态。1992年、1993年，铁路又陷入了新一轮更为严重的危机，甚于1988年，严重制约了国民经济的发展。按铁路运能30%缺口和国民经济增长幅度7%计算，由于铁路运能不足，1991—2000年工业总产值减少共计60363亿元。铁路运输能力对国民经济的适应程度已从20世纪80年代初的90%左右下降到90年代的60%左右。[①]旅客运输能力也很薄弱，全国铁路41个主要客运站能力饱和，25条主要干线很难增加客车对数，公路客车数量少，运能不足，造成车船乘客严重超员，拥挤不堪。交通运输业在20世纪80年代初仍是国民经济中的薄弱环节。随着经济政策进一步放宽，工农业生产有了很大的发展，商品经济空前活跃，整个国民经济发生了深刻的变化。“对外开放、对内搞活”和“调整、改革、整顿、提高”八字方针对交通运输也有很大影响，外贸运量急剧增长，货源结构发生了很大的变化，百杂货运输和短途运输运量显著增加，客运量大幅度上升，各行各业对交通运输提出了许多新的要求，交通运输更加显得不适应。在管理体制和管理方法方面，还没有

① 王海生、季令：《市场经济下中国铁路与区域经济发展》，《地域研究与开发》，1996年第1期。

完全突破老框框、老办法，影响了运输能力、运输效率、管理水平、经济效益的提高。

第三节　发展合资铁路

经济体制改革也改善了铁路投资单一的状况，出现了与地方合作的合资铁路。合资铁路的出现不仅为我国铁路的路网建设、缓解铁路的“瓶颈”制约做出了重大贡献，同时也实现了多方面的制度创新。

我国合资铁路的发展经历了以下几个阶段：20世纪80年代初期是探索起步阶段。广西壮族自治区政府与铁道部合作修建南防铁路，构建了合资铁路的雏形。“七五”末期，广东省政府与铁道部合作共同出资建成了我国第一条合资铁路。“八五”期间是稳步发展阶段。先后有13个合资铁路项目开工建设，合资铁路遍布18个省区，总长度发展到7933公里。进入21世纪后是规范管理阶段。改革开放后，铁路“运输瓶颈”的问题十分突出，严重影响了国民经济的快速发展。有鉴于此，我国政府开始重视合资铁路的发展工作，先后出台了一系列鼓励和支持的政策，明确了其市场主体的地位。1992年8月，国务院批转国家计委、铁道部《关于发展中央和地方合资建设铁路的意见》，明确指出：“合资铁路是对传统的建设和管理体制的一大突破，是深化铁路改革的一条新路。”为贯彻落实国务院文件精神，铁道部1993年11月颁布《〈关于发展中央和地方合资建设铁路的意见〉实施办法》，就合资铁路投资、建设、经营以及有关政策等方面做出规定。在此基础上，1998年5月，《合资铁路管理办法（试行）》颁布实施。随后又陆续出台了一系列配套法规，极大地促进了合资铁路的规范快速发展。

相对于仍具有显著计划经济特点的国有铁路，合资铁路具有明显的市场优势。合资铁路具有以下特征：一是多元化的投资主体。合资铁路打破了铁路建设长期以来形成的单一国家投资、铁道部独家建路经营的格局，开辟了由多个投资主体合资建路、共同管理的新路。二是运营管理与国铁有效关联。合资铁路在建设和运营过程中，不可避免地与国有铁路产生许多关联业务和经济关系，成为国有铁路发展的有益补充。三是经营管理具有独立性。合资铁路公司是由铁路与其他投资主体设立的公司制企业，实行自主经营、独立核算、自负盈亏，依法享有民事权利、承担民事责任。四是差异化的运输站段管理体制。合资铁路公司的法人治理结构设有股东会（或股东协商制度）、董事会、监事会，其权力机构是股东（股东会），决策机构是董事会，监督机构是监事会，实行董事会领导下的总经理负责制。而国有铁路系统上级主管部门是铁道部、铁路局，运输站段是铁路局下属的运输生产单位，实行铁路局领导下的站段长负责制，在管理体制上与合资铁路公司有明显的区别。

合资铁路出现以来，新增线路长度不断增加，“九五”期间合资铁路新增长度为2738公里，比国家铁路（指铁道部投资建设）新增长度1238.6公里还多一倍以上；从1996年的306.3公里增加到2000年的485.6公里；合资铁路对路网的贡献率“九五”期间达到59.7%，有三个年份稍低，分别为1996年的12.0%、1997年的1.9%、2000年的38.7%，其余年份均在40%以上，其中1998年达到了186.1%（见表1-2）。

表1-2　合资铁路对路网发展的贡献率一览表

单位：公里；%

年份	全国铁路新增长度	国家铁路新增长度	合资铁路新增长度	地方铁路新增长度	国家铁路贡献率	合资铁路贡献率	地方铁路贡献率
“九五”时期	4586.7	1238.6	2738.0	609.8	27.0	59.7	13.3
1996	2542.6	2061.2	306.3	175.4	81.1	12.0	6.9
1997	1038.1	888.8	19.9	129.4	85.6	1.9	12.5
1998	459.0	17.2	854.1	–412.3	3.7	186.1	–89.8
1999	965.5	339.0	777.2	–150.7	35.1	80.5	–15.6
2000	1255.6	733.4	485.6	36.6	58.4	38.7	2.9

资料来源：历年铁道统计公报。

注：某类铁路增长贡献率=该类铁路新增营业里程/全国铁路新增营业里程。

合资铁路作为铁路运能新的增长点，为缓解铁路运输供求矛盾、促进区域经济协调发展、改善铁路生产力布局结构也做出了重要贡献。合资铁路线路中有80%以上是区域干线或路网干线的联络线。

合资铁路的产生和发展，打破了传统计划经济体制下铁路投资主体单一、建设资金来源完全依赖中央政府的局面，标志着初步形成了铁路投资主体多元化的新格局。

在管理体制上，合资铁路充分汲取国家铁路的经验，并进行了大胆的改革和创新。一是企业制度创新。基本按《中华人民共和国公司法》要求组建了规范化公司，建立健全了较为规范的法人治理结构。二是组织模式创新。按照“突出主业、专业协作”原则，建立了精干的专业化组织体系。三是运营管理模式创新。积极探索适合自身特点的运营管理体系，出现了全委托、半委托和自管自营等多种模式。四是内部管理体制创新。以提高管理效率和经济效益为中心，尽量减少管理层次，并通过对职能业务的综合化管理，精简管理机构，取得了良好成效。五是机制创新。实行灵活多样的劳动用工制度，建立“效率优先、兼顾公平”的分配机制，有效地提高了劳动生产率。

第四节　轨道交通初步发展

“七五”期间，铁路建设展开了“北战大秦，南攻衡广，中取华东”三大“战役”。“八五”期间，提出了“强攻京九、兰新，速战侯月、宝中，再取华东、西南，配套完善大秦”的目标，确定了京九铁路建设等12项重点工程，在全路展开了铁路建设大会战。“八五”期间交付运营新线3719公里，复线3847公里，电气化铁路2973公里。复线率由“七五”期末的24%上升到29%；铁路电气率由“七五”期末的13%上升到18%。同期，还完成了78项扩能工程，合资铁路铺轨2430公里，地方铁路铺轨1041公里。“八五”期末，铁路营业里程突破了6万公里。①

下面是1979—2000年GDP增长率与铁路里程增长率曲线图（见图1-1），可以观察到二者的发展趋势和关联性。

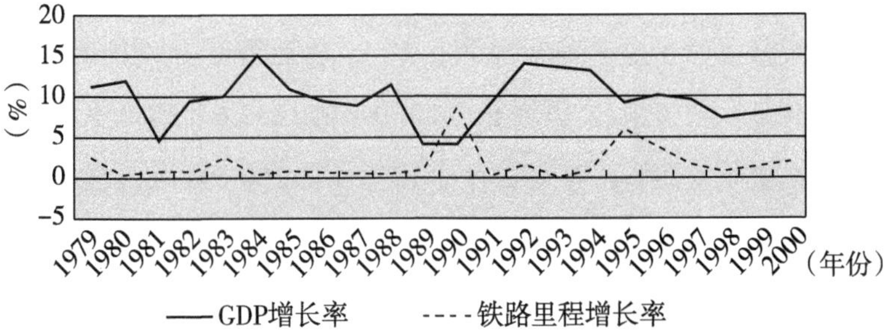

图1-1　1979—2000年GDP增长率、铁路里程增长率对比图

资料来源：铁道部网站以及相关年份的统计年鉴整理。

① 资料摘编自中国铁道www.charailway.com.

上图显示，这一时期，铁路投资（表现在通车里程上）增速并没有与GDP增速显现同步性。原因有二：一是公路、民航等其他运输方式分流了大部分新增运量；二是铁路运能仍受计划调节，使“瓶颈”问题有望得以减少。

铁路方面扩大了资金来源，1991年国务院批准设立铁路建设基金，对部分铁路建设任务重的省征收铁路建设附加费，对国家铁路运输的货物进行征收，用于建设新铁路；1992年出台了中央和地方合资建设铁路的政策；1995年开始批准铁路发行中国铁路建设债券，铁路建设资金有了一定的来源渠道，改善了“七五”期间发展缓慢的局面。由于体制僵化以及来源渠道有限，铁路投资很快被公路投资超越，2000年铁路投资不到公路投资的一半。从铁路运输密度来看（见表1–3），货运密度由1979年的1199.8万吨公里/公里增长到2000年的2237.6万吨公里/公里，增长86.5%；客运密度由1979年的260.6万人公里/公里增长到2000年的761.3万人公里/公里，增长1.92倍，但从铁路线路增长有限、瓶颈作用不断显现的情况看，这种货运密度、客运密度的增长表明了国民经济快速发展的活力。

表1-3 1978—2000年货运密度、客运密度一览表

年份	换算密度（万换算吨公里／公里）	货运密度（万吨公里／公里）	客运密度（万人公里／公里）
1978	1238.1	1027.9	210.2
1979	1460.4	1199.8	260.6
1980	1489.0	1199.0	290.0
1981	1499.3	1192.0	307.3
1982	1605.0	1276.5	328.5
1983	1752.4	1382.8	369.6
1984	1923.8	1500.1	423.7
1985	2091.4	1612.0	479.4
1986	2218.6	1712.9	505.7
1987	2352.4	1809.1	543.3
1988	2485.9	1868.6	617.3
1989	2520.8	1950.3	570.5
1990	2475.1	1986.1	489.0
1991	2578.4	2049.6	528.8
1992	2743.7	2156.0	587.7
1993	2862.9	2216.2	646.7
1994	2974.3	2301.5	672.8
1995	2998.8	2350.2	648.6
1996	2866.0	2279.9	586.1
1997	2881.9	2266.3	615.6
1998	2770.4	2129.4	641.0
1999	2870.1	2171.5	698.6
2000	2705.9	2237.6	761.3

资料来源：据公开资料整理。

第二章　新世纪轨道交通快速发展（2001—2018年）

在世界历史上，任何一个大国的崛起都离不开发达的交通，以及由此带来的顺畅的资金流、贸易流、货物流。在经济发展史上，一个制造业集聚区的形成或一个世界工厂的形成，交通业的先导性、基础性作用毋庸置疑。荷兰、西班牙、英国的崛起与其航运大国地位相匹配，铁路时代又将美国、德国带到世界强国的位置。运河时代、航运大国、铁路王国、高速公路大国、航空大国，它们的背后都是一个个崛起的世界工厂、制造业中心以及发达的现代化大国。中国的现代化离不开交通业的基础性作用，加入世界贸易组织以后，中国经济融入全球化，中国逐渐成为名副其实的世界工厂，中国的交通业也迎来了快速发展的大好局面。

2003年，中共十六届三中全会确定了完善社会主义市场经济体制的总体任务，更大程度发挥市场在资源配置中的基础性作用成为改革的重要目标之一，主要任务之一是完善公有制为主体、多种所有制经济共同发展的基本经济制度。全会明确提出“放宽市场准入，允许非公有资本进入法律法规未禁入的基础设施、公用事业及其他行业和领域”。2005年2月《国务院关于鼓励支持和引导个体私营等非公有制经济发展的若干意见》，明确提出今后一个时期鼓励、支持和引导非公有制经济的总体要求，提出了一系列促进非公有制经济发展的政策措施。以此为契机，航空和铁路加大了向非公有制经济的开放力度。2005年3月11日，奥凯航空正式开航，被业界视为民营资本打破航空业国有垄断的标志性事件。此后，多家民营航空公司相继获批。2005年7月22日，铁道部发布《关于鼓励支持和引导非公有制经济参与铁路建设经营的实施意见》，宣布向非公资本开放铁路建设、铁路运输、铁路运输装备制造、铁路多元经营四大领域。自此，铁路探索吸引民间资本进入铁路建设领域，积极扩大合资建路规模等体制改革取得很大进展，随后几年来在客运专线、运煤专线等建设中，社会经济组织成为重要的投资力量，中国轨道交通进入快速发展时期。

第一节　6 次铁路大提速

1997年4月1日开始，直到2007年4月18日，为了适应日益增长的国民经济发展和人民生活的需要，以及铁路客货运旺盛的需求，中国铁路先后进行了6次大提速。经过6

次大提速，中国走入了快速铁路时代，中国高速铁路技术从无到有，也完成了相应的技术储备。

1997年4月1日，中国铁路第一次大面积调图提速全面实施，拉开了铁路提速的序幕。之前客车平均的旅行速度只有49.5公里/小时，货车才30.5公里/小时，运输最繁忙、线路质量最好的京沪、京广、京哈三大干线，旅客列车的最高时速也只有100多公里。速度上不去，铁路就缺乏竞争力。问题是多方面的，机车车辆的性能差，要跑快，力不从心，同时也有线路的质量问题，不敢快跑。经过这次调图提速，提速列车最高运行时速达到了140公里；全国铁路旅客列车旅行速度由1993年的时速48.1公里，提高到时速54.9公里；首次开行了快速列车和夕发朝至列车。这次调图提速使正面临与汽车和民航激烈竞争的铁路尝到了发展的甜头。随后的一年间，选择火车出行的旅客人数丝毫没有减少，相反直通客流比过去增长了14.1%，客票收入增加了35亿元，全路的货运收入也大幅增长。

1998年10月1日，中国铁路第二次大面积调图提速开始实施。经过这次调图提速，快速列车最高运行速度达到了时速160公里；全国铁路旅客列车平均旅行速度达到时速55.2公里，直通快速、特快客车平均时速达到71.6公里；首次开行了行包专列和旅游热线直达列车。在这次大提速中，京九（北京至九龙）、浙赣（杭州至株洲）、侯月（侯马至月山）、宝中（宝鸡至中山）、南昆（南宁至昆明）等线路，行车速度也有不同幅度的提高。

2000年10月21日，中国铁路第三次大面积调图提速在陇海线、兰新线、京九线、浙赣线顺利实施，初步形成了覆盖全国主要地区的“四纵两横”提速网络。全国铁路旅客列车平均时速达到60.3公里。新的列车车次将传统的快速列车、特快列车、直快列车、普通客车、混合列车、市郊列车、军运人员列车7个等级调整为3个等级，即特快旅客列车、快速旅客列车、普通旅客列车。至此，铁路提速线路的里程接近1万公里，形成“四纵两横”的提速网络，“四纵”是京广线、京沪线、京哈线、京九线，“两横”是陇海—兰新线、浙赣线。

2001年10月21日，中国铁路第四次大面积调图提速开始实施，使提速网络覆盖全国大部分省、自治区和直辖市。这次调图提速，全国铁路旅客列车平均旅行速度达到时速61.6公里，进一步增开了特快列车，树立了夕发朝至列车等客货运输品牌的形象。通过这次大提速，全路提速线路的里程达到了1.3万公里，全路旅客列车的技术速度（不包括停站时间）和旅行速度（包括停站时间），分别于第一次提速后的每小时63.7公里和每小时54.9公里提高到每小时70.32公里和每小时61.92公里。

2004年4月18日，中国铁路第五次大面积调图提速开始实施。经过这次调图提速，几大干线的部分地段线路基本达到时速200公里的要求，提速网络总里程16500多公里；全国铁路旅客列车平均旅行速度达到时速65.7公里。此外，在此次大提速中，全国共开行了19对直达特快列车，最高时速160公里，进一步缩短了列车运行时间，从而提高运输效率。与第四次提速后的运行图相比，全国旅客列车平均技术速度提高了5.28公里，旅行速度提高了3.8公里，其中直达特快列车时速119.2公里，特快列车时速92.8公里。

2007年4月18日，中国铁路第六次大面积调图提速正式开始。全路能够开行时速120公里旅客列车的线路，扩大至18条、计2.2万公里，比第五次大提速增加5000多公里。在这2.2万公里的线路中，最高时速达160公里及以上的线路有1.4万公里，其中时速达200公里及以上的线路计6003公里，时速达250公里的线路是846公里。除原有的列车大部分提高速度外，新增“D”字头的动车组。北京、上海、广州等城市开行“D”字头的动车组城际快车。乘坐“D”字头列车，能比原有班次更为快速地到达目的地。大面积调图提速所取得的成果是全方位的，主要有六大方面的显著变化：一是调图提速规模之大前所未有。二是具有世界先进水平的动车组大量开行。三是客运产品更加丰富多样。四是旅客列车运行时间进一步压缩。五是货运产品更加贴近市场。六是提速安全保障体系更加严密。

这次大面积调图提速，无论是广泛性，还是技术的先进性，都是以往历次提速所不能比拟的。特别是在主要干线上，开行时速200公里及以上的动车组，还大面积地开行5000吨级的货物列车。此外，有一大批先进的技术装备要投入运用，这些都标志着中国铁路既有线提速水平已经跻身世界先进行列。第六次提速以前，我国既有铁路中，没有一条能跑到时速200公里的线路，这次大提速实现了大范围突破，时速200公里以上的国产动车组大批闪亮登场。其规模在世界铁路上没有先例。第六次大提速使中国铁路的客、货运能力分别增长了18%和12%。

第二节　出台《中长期铁路网规划》

2004年年初，国务院常务会议批准《中长期铁路网规划》（以下简称《规划》），预计《规划》项目全部实施后，到2020年铁路建设投资总规模将突破5万亿元，铁路营业里程将达到12万公里以上。目前我国已有的高速铁路为：京津城际、昌（南昌）九（江）城际、石（家庄）太（原）客运专线、长（春）吉（林）城际、胶济客运专线、沪（上海）宁（南京）高铁、武（汉）广（州）客运专线、郑（州）西（安）高铁、温（州）福（州）线、汉（口）宜（昌）线、福（州）厦（门）漳（州）铁路、成

（都）灌（都江堰）高铁、沪（上海）杭（州）高铁、沪（上海）宁（南京）城际、广（州）珠（海）城际、京（北京）沪（上海）高铁。营业里程超过9358公里，全国铁路每天开行动车组列车近1200列，已成为世界运营里程最长、运营速度最高的国家。预计到2020年，高铁总里程将达到1.6万公里以上（数据持续更新）。届时，北京到全国省会城市都将在8小时以内。《规划》中描画了“四纵”“四横”及三个城际客运系统。

“四纵”客运专线：

北京—济南—南京—上海客运专线，贯通京津至长江三角洲东部沿海经济发达地区；北京—武汉—广州—深圳客运专线，连接华北和华南地区；北京—沈阳—哈尔滨（大连）客运专线，连接华北和东北地区；杭州—宁波—福州—深圳客运专线，连接长江三角洲、珠江三角洲和东南沿海地区。

“四横”客运专线：

徐州—郑州—西安—兰州客运专线，连接华东和西北地区；杭州—南昌—长沙—贵阳—昆明客运专线，连接华东、华中和西南地区；青岛—济南—石家庄—太原客运专线，连接华东和华北地区；上海—南京—武汉—重庆—成都客运专线，连接西南和华东地区。

三个城际客运系统：

环渤海地区、长江三角洲地区、珠江三角洲地区城际客运系统，覆盖区域内主要城镇。

为进一步完善铁路网布局，使西部地区形成铁路网骨架，同时完善中东部铁路网结构，提高对东西部地区经济适应能力，远期规划建设新线约4.1万公里：

（1）新建中俄通道同江—哈鱼岛段，中吉乌铁路喀什—吐尔尕特段，改建中越通道昆明—河口段，新建中老通道昆明—景洪—磨憨段、中缅通道大理—瑞丽段等，形成西北、西南进出境国际铁路通道。

（2）新建太原—中卫（银川）线、临河—哈密线，形成西北至华北新通道。

（3）新建兰州（或西宁）—重庆（或成都）线，哈达铺—成都线，研究建设张掖—西宁—成都、格尔木—成都线，形成西北至西南新通道。

（4）新建乌鲁木齐—哈密—兰州，库尔勒—格尔木线、龙岗—敦煌—格尔木线，喀什—和田、日喀则—拉萨线，研究建设和田—狮泉河—日喀则线，形成新疆至甘肃、青海、西藏的便捷通道。

（5）新建拉萨—林芝、大理—香格里拉线，研究建设成都—波密—林芝、香格里拉—波密线，形成四川、云南至西藏的便捷通道。

（6）新建太原—侯马—西安—汉中—绵阳线，研究建设郑州—重庆—昆明线，形成华北、中原至西南新通道。

（7）新建重庆—贵阳、乐山—贵阳—广州、南宁—广州线，形成西南至华南新通道。

（8）新建向塘—莆田（福州）、合肥—福州、阜阳—六安—景德镇—瑞金—汕头线，形成内陆腹地至东南沿海地区新通道。

（9）新建北京—张家口—集宁—呼和浩特—包头线，形成北京至内蒙古呼包鄂地区便捷通道。

（10）新建内蒙古中西部、山西中南部煤运铁路，形成“三西”地区煤炭外运新的大能力通道。

（11）新建精河—伊宁、奎屯—阿勒泰、乌鲁木齐—富蕴—北屯、哈密—若羌、二连浩特—锡林浩特—乌兰浩特、正蓝旗—虎什哈、昭通—攀枝花—丽江、昆明—百色、南宁—河池、永州—玉林和茂名、合浦—河唇、西安—平凉、柳州—肇庆、桑根达来—张家口、准格尔—呼和浩特、集宁—张家口等西部区内等铁路，研究建设安康—恩施—张家界等铁路，完善西部地区铁路网络。

（12）新建哈尔滨—佳木斯、青岛—连云港—盐城、南通—上海—宁波、广州—湛江—海口—三亚、上海—江阴—南京—铜陵—安庆、怀化—衡阳—赣州、九江—景德镇—衢州、浦城—建宁—龙岩等铁路和福州—厦门货运线、铜陵—九江、赣州—韶关、龙岩—厦门、湖州—嘉兴—乍浦、金华—台州及东北东边道等铁路，完善东中部地区铁路网络。

《规划》中还提出，要加强既有路网技术改造和枢纽建设，提高路网既有通道能力。其中包括：

在建设客运专线、完善路网布局和西部开发性新线的基础上，对既有线进行扩能改造，在大同（含蒙西地区）、神府、太原（含晋南地区）、晋东南、陕西、贵州、河南、兖州、两淮、黑龙江东部10个煤炭外运基地，形成大能力煤运通道。规划前期将优先考虑大秦线扩能、北同蒲改造、黄骅至大家洼铁路建设和石太线扩能，实现客货分运，加大煤炭外运能力。重点强化“三西”地区煤炭下海和铁路直达中南、华东内陆地区通道和新疆地区煤炭外运通道等；结合客运专线的建设、完善路网布局和西部开发性新线的建设，对既有京哈、京沪、京九、京广、陇海—兰新、沪汉蓉和沪昆7条主要干线进行复线建设和电气化改造；按照综合交通枢纽布局和城市发展规划，加强主要客货枢纽建设，注重与城市轨道交通等公交系统以及公路、民航和港口等其他交通方式的衔接，实现旅客运输“零距离换乘”、货物换装“无缝衔接”和交通运输一体化。以北京、上海、广州、武汉、成都、西安枢纽为重点，调整编组站，改造客运站，建设机车车辆检修基地，完善枢纽结构，使铁路点线能力协调发展；建设集装箱中心站，改造集装箱运输集中的线路，开行双层集装箱列车。

2016年7月，新修订的国家《中长期铁路网规划》（2016—2030年）发布，高速铁路网由“四纵四横”拓展为“八纵八横”。“八纵”通道包括沿海通道、京沪通道、京港（台）通道、京哈—京港澳通道、呼南通道、京昆通道、包（银）海通道、兰（西）广通道。“八横”通道包括绥满通道、京兰通道、青银通道、陆桥通道、沿江通道、沪昆通道、厦渝通道、广昆通道。根据新修订的国家《中长期铁路网规划》（2016—2030年），预计到2020年，全国高速铁路将由2015年年底的1.9万公里增加到3万公里。“八纵八横”高速铁路网，即以沿海、京沪等“八纵”通道和陆桥、沿江等“八横”通道为主干，城际铁路为补充的高速铁路网。“八纵八横”可实现相邻大中城市间1～4小时交通圈、城市群内0.5～2小时交通圈。

据专家测算，我国铁路网远景规模约19万公里，其中客运专线约4万公里，普通铁路约15万公里。

第三节　轨道交通启动投融资改革

改革开放前期，我国交通运输业的发展呈现出与经济增长不太适应的局面，瓶颈作用明显；进入21世纪以来尤其是加入世界贸易组织以后，随着社会主义市场经济的逐步建立，中国正在融入全球化的发展进程中。交通运输领域的发展随着经济体量的增大以及投资力度的增强，开始逐渐形成与经济发展相匹配的综合交通发展体量，于是各种行业规划和制度设计纷纷出台并得到批复，冀望赶上世界交通业发展的潮流，各种有效制度的探索、设计在不断完善中。2008年世界金融危机爆发后，世界经济周期下行趋势明显，我国对该领域的大规模投资不仅提振了中国的经济增长，还为全球经济发展贡献了可观的份额，为打破发展的桎梏提供了一条可资借鉴的路径。

铁路投资进入大提速阶段，铁路投融资体制开始改革，改变了过去单一的投资模式，发展多元化的投资体制；2004年公布了铁路发展的中长期规划，尤其是在应对国际金融危机过程中，铁路投资又成为保增长促内需的有力手段，至此，铁路投资在这一阶段从形式到内容上都进入了实质的大提速之中。有以下特点：

（一）延续改革开放以来的战略部署，铁路投资出现新特点并向重点工程倾斜

进入“九五”以来，铁道部调整计划，做出了“决战西南，强攻煤运，建设高速，扩展路网，突破七万”跨世纪5年（1998—2002年）铁路建设会战的战略部署，掀起第四个铁路建设高潮，到2008年年末铁路营业里程达到8万公里。2004年年初国务院颁布《中长期铁路网规划》，宁西

线、渝怀线等一批重大项目建成投产，大秦重载铁路2亿吨配套改造完成，青藏铁路全线铺通，武广线、郑西线、石太线、京津线等一批客运专线和城际轨道交通项目相继开工建设。2002年到2006年是新中国成立以来我国铁路建设投资最多的时期，特别是2006年我国铁路基本建设投资达到1553亿元，比2002年增长了149.0%，年均增长20.4%，比“七五”和“八五”10年完成投资的总和还要多。[①]

2009年，为了应对国际金融危机，国家加大了对铁路建设的投资力度，按照规划，批准新建铁路里程1万公里左右、投资规模1万亿元；2010年，国家再批准新建铁路里程1万公里、投资规模1万亿元。预计《中长期铁路网规划》（2016—2030年）项目全部实施后，到2020年铁路建设投资总规模将突破5万亿元，铁路营业里程将达到12万公里以上。新中国铁路史上的这次建设高潮规模更大，持续时间更长。这样的铁路建设里程和投资规模在我国铁路建设史上是前所未有的，中国铁路对经济发展的作用正在由限制型向适应型迈进。

（二）铁路投资多元化政策出台，合资铁路对于国家铁路（主要由原铁道部投资）的补充作用正在逐步增加[②]

① 交通运输部网站，《2007年交通运输统计年鉴》，http://www.mot.gov.cn.

② 有关合资铁路的问题，详见笔者发表在《中国经贸导刊》2009年8月的题为《我国合资铁路发展的现状、问题与前瞻》的文章。

20世纪90年代以来，国家积极出台鼓励铁路建设投资多元化的政策，使各类合资铁路如雨后春笋般迅速发展，并随着国家在铁路建设方面的不断改革，取得了长足进展，逐步成为全国路网的重要组成部分。

2005年，铁道部发布了《关于鼓励支持和引导非公有制经济参与铁路建设经营的实施意见》，明确了对国内非公有资本开放铁路建设领域、铁路运输领域、铁路运输装备制造领域和铁路多元经营领域，使得国家政策不仅仅停留在较高的层面上，为各类社会资金参与铁路建设提供了政策支持。

2006年，铁道部制定了《“十一五”铁路投融资体制改革推进方案》。按照“政府主导、多元化投资、市场化运作”的基本思路，以构建投资主体多元化、资金来源多渠道、融资方式多样化、项目建设市场化的铁路投融资体制新格局为目标，研究制定《“十一五”铁路投融资体制改革推进方案》，并得到国家有关部门的大力支持。

中央投资带动了地方投资的积极性，在推进铁路投融资体制改革上发挥了“四两拨千斤”的作用。到2008年年底，铁道部与31个省市自治区共签订铁路建设协议220多个，商定规划建设铁路项目300多个，涉及铁路规模5万多公里，投资金额4万多亿元，地方承诺直接出资及提供贷款担保余额达6000多亿元。[①]

目前铁路投资主要由政府主导，资金主要来源于铁道部，2007年完成的铁路基本建设投资资金中，铁道部资金占比达83.5%，地方政府和企业资金占比为16.5%。[②]

2018年铁路投资完成8028亿元，相比原先计划的7320亿元增长9.67%。2018年7月31日中央政治局会议指出要加大基础设施领域补短板的力度，在此思路下，2018年铁路投资规模重回8000亿关口，年度完成8028亿（见图2-1）。在铁路建设中，大部分要归属高铁建设。而在高

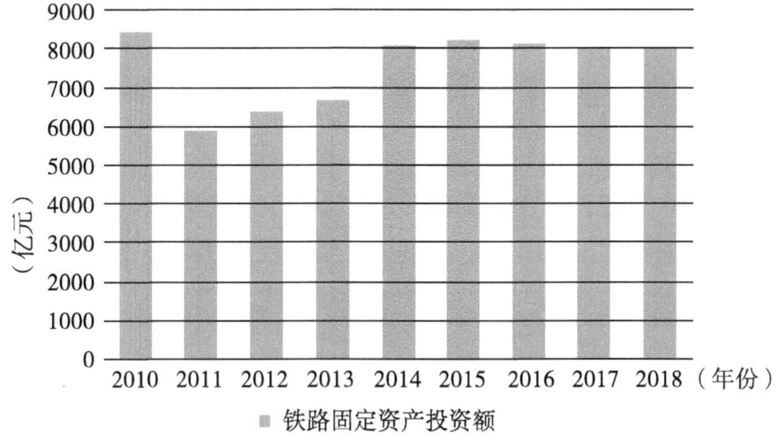

图2-1　2010—2018年铁路固定资产投资额

数据来源：公开资料整理。

① 《前4月铁路投资增170.5%占中央投资比重最大》，《人民日报》，2009年5月17日。

② 《2007年铁道统计公报》。

速铁路总造价结构中，最大的部分是铁路基础建设投资，约占60%，信息化、电气化投资等约占25%，机车车辆购置约占15%。

（三）铁路投资总体来说在2007年以前虽然较20世纪有大规模增加，但还是不能适应快速增长的国民经济的增长，铁路的“瓶颈效应”没能得到有效缓解

值得注意的是，2008年世界金融危机爆发，为了拉动内需，铁路基建投资出现高速增长现象，2010—2018年稳定在6000亿元以上，6个年份保持在8000亿元高位，极大地改善了与国民经济增长不协调的局面。

下面是2001—2018年GDP增长率与铁路里程增长率曲线图（见图2-2），可以观察到二者的发展趋势和关联性。

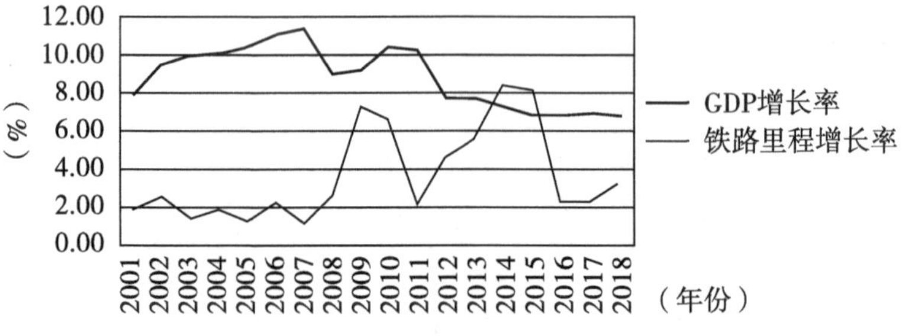

图2-2　2001—2018年GDP增长率与铁路里程增长率曲线

资料来源：铁道部网站以及相关年份的统计年鉴整理。

从上图可以看出，进入21世纪的前8年以来，GDP增长率均保持10%左右的高位，而铁路营业里程的增长率却

在2%左右的低位徘徊，反映出：（1）政府对基础设施投资政策导向偏好的某些特点；（2）铁路投资若能快速增长，对GDP增速的推动作用更大。而在2008年以后，受国际金融危机的影响，中国加大了对交通业等基础领域的投资，中国铁路里程增长率达到4%的显著发展，其中2014年达到8%的增长，这对中国交通业的发展，不能不说是重大利好。

“九五”时期主要开展了铁路、高速公路、电站、通信设施等大规模基础设施建设。铁路营业里程由2000年的6.87万公里增至2012年的9.80万公里，增加了2.93万公里。①

投资不足严重制约了铁路的发展。2007年，全国铁路投资不足3000亿元，而公路投资却已经达到6000亿元的规模。1997年至2002年，全国在公路建设上的投资额达1.4万亿元，铁路却只有2000亿元左右，这就造成了铁路运需矛盾非常突出的现象。按照铁道部运输局副局长苏顺虎对外公布的数据，全国每天的请车满足率仅35%左右。以货运为例，2003年到2007年，中国铁路货物发送量每年增加2亿吨以上，年均增长8.7%，这增幅已是铁路运量增长最快的时期。但尽管如此，4年当中，中国铁路营业里程年均增幅只有3.4%，这与我国每年30多亿吨的总发送量很不相称。

① 铁道部统计中心：《2012年铁道统计公报》。

2008年的世界金融危机给铁路大规模投资提供了历史机遇。根据历年铁路固定资产投资增幅与GDP增幅的关系，在经济存在下行预期的时候，铁路方面的投资一般都会保持较强规模（2011年出现异常，主要是因为“7·23”甬温特大铁路交通事故致使铁路投资骤降）（见图2–3）。

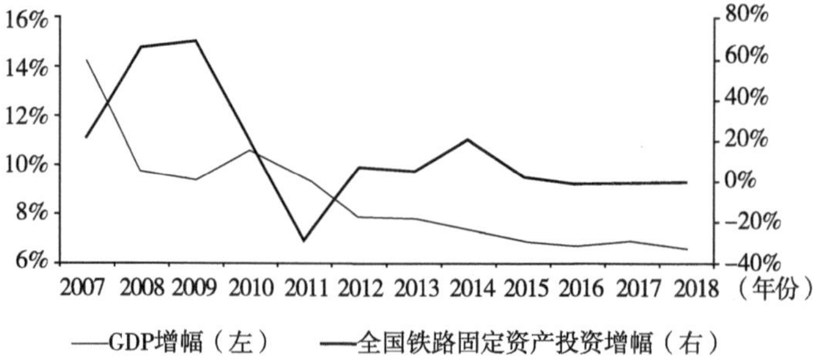

图2–3　2007—2018年GDP增幅和铁路固定资产投资增幅的关系

数据来源：公开资料整理。

（四）我国铁路投融资情况

我国铁路投资体制在1978年以前具有明显的计划经济色彩。中央政府是绝对的投资主体，管理铁路的投资与建设、运营与生产一切领域。国家财政预算内拨款是唯一投资渠道。国内外信贷基金极少用于铁路建设项目，其他资金难以进入铁路。铁路建设诸如项目决策、成本控制、物资分配、人员安排以及项目设计、项目施工等活动都按国家指令性计划执行。

改革开放以来，随着国民经济快速的发展，紧张的铁路运力成了国民经济发展的瓶颈。为了加快铁路发展，铁道主管部门进行了一系列投融资体制的改革与探索。在“政府主导、多元化投资、市场化运作”的总体思路下，出台了一系列改革政策。包括：（1）2005年的《关于鼓励支持和引导非公有制经济参与铁路建设经营的实施意见》，全面开放铁路建设、客货运输、运输装备制造与多元经营四大领域，鼓励国内非公资本进入。（2）2006年的《“十一五”铁路投融资体制改革推进方案》，确保铁路投融资体制改革取得突破性进展。（3）2009年的《关于2009年深化经济体制改革工作意见》，提出了改革过程中拓宽民间资本投资的领域和渠道，明确由国家发改委、工信部等共同负责，加快研究民间资本进入石油、铁路等重要领域的相关政策，带动社会投资。

从1999年基本建设资金的来源看，在国有基本建设投资中，各种资金来源所占比重分别为：国家财政性资金占12.5%，国内贷款占25.1%，利用外资占9.0%，自筹资金占41.1%，其他资金占12.3%，其中，企业自筹资金和银行信贷资金占总投资的66.2%。这五大资金来源渠道也就是铁路建设项目的主要资金来源。下表是1995—2010年铁路投资比例及资金来源情况（见表2-1、表2-2）。

表2-1　1995年、2000年、2005年、2010年铁道部投资比例情况一览表

单位：%

年份	铁道部完成投资	地方政府及路外企业投资
1995	89.78	10.22
2000	89.59	10.41
2005	84.45	15.55
2010	78.28	21.72

资料来源：《全国铁路统计资料汇编》。

表2-2　1995年、2000年、2005年、2010年铁道部各项建设资金来源比例情况一览表

单位：%

年份	合计	建设基金	财政预算内资金	债券	专项资金	资产变现资金	企事业单位自筹
1995	100	82.59	1.25	6.70	0.00	0.00	9.46
2000	100	64.80	16.84	0.00	0.00	0.00	18.36
2005	100	62.75	10.91	9.21	9.61	0.00	7.52
2010	100	23.70	5.00	36.33	15.18	16.62	3.17

资料来源：《全国铁路统计资料汇编》。

从上表反映出，铁道部投资比例在2010年前均占到80%以上，地方政府及路外企业投资占比在20%甚至以下，这是整体情况。细分铁道部资金来源中，铁路建设基金占大头，但在2010年下降到23.70%，财政预算内资金2010年占5%，铁路建设债券占比逐渐上升，2010年达到36.33%，专项资金、资产变现资金、企事业单位自筹资金

也有了不同的变化，说明铁路建设资金来源呈现多元化的迹象，尽管市场化行为较少（见表2-3）。

表2-3　2008—2012年铁路投资构成一览表

单位：%

年份	2008	2009	2010	2011	2012
国家财政	21.5	13.6	10.1	6.9	5.7
铁路建设债券	19.1	15.9	13.3	18.9	30.6
国家开发银行贷款	10.2	13.1	11.8	15.9	9.1
商业银行贷款	23.6	43.5	53.9	52.4	50.1
国有铁路企业自筹	10.7	3.1	2.3	1.6	0.8
地方及企业完成投资	14.6	10.7	8.5	4.2	3.6
其他（国家专项补助、水利专项基金返还）	0.3	0.1	0.1	0.1	0.1

资料来源：《全国铁路统计资料汇编》。

数据显示，2010年、2011年和2012年，铁道部负债分别为：18918亿元、24127亿元、27316亿元，负债率则分别为57.44%、60.63%、61.13%，负债和负债率均呈逐年上涨之势。2013年3月原铁道部撤销，中国铁路总公司成立之时，批复的注册资本金为10360亿元，总资产为43044亿元，总负债为26607亿元，资产负债率为61.81%。2014年铁路总公司资产总负债率达63.22%，2015年，铁路总公司负债合计约4.09万亿，资产总负债率达66.41%。“十二五”完成固定资产投资3.5万亿元，是铁路基础设施建设投资最多的5年。中国铁路总公司既管线路运营又负责铁路建设，债务压力甚大。“十三五”铁路投资还会在高位运行，在投融资领域必须走多元化发展之路。

第四节　轨道装备制造走向世界

受2008年世界金融危机的影响，中国经济进入转型期，尤其是在2010年以来，中国经济增幅开始下滑，GDP增幅开始“破八”“破七”，2016年、2017年更是只达到6.9%。可见，中国已经不能维持大规模的上行的GDP增幅，经济进入迈向高质量增长的新常态。随着中国交通规模的壮大，装备制造的提升，交通业在呼应国家战略调整过程中地位日益突出，发挥的作用更加显著。中国的交通不仅服务于国内的经济建设和人民生活改善，而且走出国门为区域和全球提供发展红利。

2015年1月28日，国务院总理李克强主持召开国务院常务会议，部署加快铁路、核电、建材生产线等中国装备“走出去”。

（一）高铁“出海”

2014年，中国公司在铁路领域对外累计签订合同额247亿美元。中国铁建同尼日利亚签订高达119.7亿美元的铁路建设合同，这是中国企业签订的最大金额的单笔合同。2014年中国企业参与的境外铁路建设项目348个，机车车辆出口额达到37.4亿美元。

中国四大铁路装备和建设公司3月30日齐齐披露2014年年报，盈利均创新高，营业总收入更是突破1.4万亿元，特别是海外业务也实现大增长（见表2–4）。

表2–4　2014年中国四大铁路公司业绩对比一览表

	营收／增长率	净利润／增长率	海外新签合同额
中国北车	1197.24（20.48%）	58.15（27.61%）	29.94亿美元
中国南车	1042.9（7.30%）	54.9（33.00%）	37.6亿美元
中国中铁	6125.59（9.30%）	103.59（10.51%）	未披露
中国铁建	5919.58（0.88%）	113.43（9.65%）	1278.027亿元

资料来源：各公司2014年年度报告。

中国南车、中国北车新签的海外合同总金额超过60亿美元，同比增长60%以上。其中，中国北车获得的出口波士顿地铁项目，是中国轨道交通装备首次登陆美国。2014年中国北车在国内轨道交通业务新签订单实现稳步增长的情况下，海外业务快速增长，全年出口签约额29.94亿美元，比上年增长了73%。

中国北车的内燃机车首次进入欧盟市场；与南非签订的232台内燃机车出口合同是国内内燃机车出口海外最大单笔订单；出口马来西亚的160公里准高速动车组是我国首次高铁出口项目；与美国达成的284辆地铁车辆首次登

陆美国市场，也是中国轨道交通装备企业首次进入美国跨国投资或经营。在加大产品出口同时，积极推动产品、技术、标准和服务“走出去”。海外战略布局不断加快，投资并购了澳大利亚太平洋铁路工程公司，投资新设了北车先锋（印度）电气公司、北车（美国）公司、北车车辆（南非）公司等。2014年5月公司H股在香港联交所成功上市，进一步推进资源配置的全球化。

2014年，中国南车在海外市场“深耕”与“开拓”并举，完成35个机车车辆整车项目和多个铁路配件及新产业产品出口的签约，实现出口新签订单总额37.6亿美元，达到历史最好水平。其中，整车出口签约占到总出口签约的90%以上，品种包括电力机车、内燃机车、电动车组、内燃动车组、地铁轻轨、客车、货车，签约国包括北马其顿、南非、土耳其、印度、新加坡、澳大利亚、阿根廷等38个国家或地区。在南非市场，中国南车当年获得超过20亿美元电力机车订单，成为我国高端轨道交通装备整车出口最大订单；在新加坡市场，地铁T251项目实现了南车无人驾驶地铁车辆出口零的突破；在北马其顿市场，6列动车组采购合同使“中国制造”动车组整车产品首次登陆欧洲。

2014年12月30日，中国两大铁路设备制造公司北车集团与南车集团合并，成立“中国中车股份有限公司”。

这一合并不仅能强力加速中国轨道交通装备业由“中国制造”向“中国创造”的转变，还将有力推动中国高端装备业的产业升级，推动中国由“制造大国”向“制造强国”迈进。它顺应了经济全球化和市场一体化的大趋势，也符合“一带一路”倡议方针以及我国优化产业布局、发展高端装备制造业的产业政策。合并后，中车公司不仅将成为全球高铁技术的最大供应商，更将巩固合并后的中车公司作为全球最大轨道运输设备制造商的地位。尤其合并后的实体公司将受益于更大规模、更高运营效率、更高研发效率、更低采购成本和统一的全球战略，将实现更高国际竞争力。目前两大集团的30多家工厂生产的电动、内燃机车和铁路设备占中国市场的80%，出口的国家超过80个。2014年，它们在世界市场的份额为10%。其实，它们在合并前就已经是销售额遥遥领先的世界铁路技术生产商了——远远领先于西门子、阿尔斯通、庞巴迪和日本川崎等企业。

莫斯科—喀山高铁全长约770公里，设计最高时速达400公里。[①]据塔斯社2015年4月30日报道，中标者是中俄联合财团。该财团由莫斯科国家运输工程勘测设计所领导、下诺夫哥罗德地铁设计股份公司和中国中铁二院工程

① 《俄媒：中俄财团中标莫斯科—喀山高铁　总造价1万亿卢布》，http://m.cankaoxiaoxi.com/finance/20150502/764989.shtml.

集团有限责任公司参与。中标者负责完成莫斯科—喀山段高铁2015年至2016年建设的工程勘测、土地测量、规划图和文件设计工作。合同金额为200亿卢布（1人民币约合8.22卢布）。莫斯科—喀山高铁总造价为1.068万亿卢布。未来莫斯科—喀山高铁或将成为莫斯科—北京高铁干线的一段和新“丝绸之路”项目的一部分。

2015年6月3日，德国铁路集团首次向中国机车设备制造商购买列车和零部件，而所采购的产品将用在中国至德国的亚欧货运线路上。此外，2015年秋季德铁也会在北京设立采购办公室。中国机车设备商与德企的合作，可被看作是“一带一路”这一国家倡议影响下的强强联手。德铁始建于1835年，1920年其开始国有化之路。2014年，德铁和轻轨共运输乘客超过26亿人次，同比增长2.1%；货物运输量3.65亿吨，该公司约有40%的货运量来自过境运输。德铁董事海克·汉那噶尔特说：“未来三年到五年内，亚洲特别是中国可满足德国铁路对列车及配件的采购需求。”此前有媒体报道称，德铁在中国的货运物流盈利不错，2014年中德货运列车超过了300列，运送集装箱近3万个，这一数字在2013年是1.5万个。德铁有关人士也曾公开表示，该公司计划2015年年底中国到德国的列车，从现在的一周3班增加到一周4班，从德国回程的列车可以从现在的每周1～2班增加到3～4班，也希望到2015年年底可以将从德国汉堡到中国上海的列车由两周1班增加到一周1班。目前，德铁的潜在合作伙伴包括中国南车和中国北车合并后的中国中车、太原重工和华为等企业。①

2005年以来，中国开始大规模引进并自主开发高铁技术，吸收了法国阿尔斯通公司、德国西门子公司、加拿大庞巴迪公司和日本川崎公司的技术，自主研制出时速超过350公里的高速列车，代表着中国的高科技实力与经济实力。中国在高铁领域的科技优势与生产实力处于世界领先地位，申请的高铁技术专利已经达到2000件以上。在全球高速铁路技术专利申请中，中国的申请占据70%，其后依次为日本、美国和欧洲国家，分别占13%、8%、7%。除此之外，中国高铁之所以在国际上具有竞争力，主要因为其高科技与实用性的完美结合。中国高铁的特点是速度快、运行稳定、成本相对较低。2014年7月，世界银行驻中国代表处在一份关于中国高铁建设成本的报告中指出，中国高铁的加权平均单位成本，时速350公里的项目为1.29亿元/公里，时速250公里的项目是0.87亿元/公里，这远远低于每公里3亿元以上的国际高铁建设成本。因此，中国不仅有技术能力而且有经济实力将高铁修到国外。目前，中国境内兰州到乌鲁木齐的高铁已经通车，连接中国

① 王佑：《德国铁路采购中国列车及零部件用于亚欧铁路》，《第一财经日报》，2015年6月4日第五版。

西部与中亚国家的高速铁路网已经顺利接通，最终将与欧洲铁路网连接。建成后的高铁客运速度高达300公里/小时，货运速度高达200公里/小时，把中国乌鲁木齐与中亚的哈萨克斯坦、乌兹别克斯坦、土库曼斯坦等国连接起来。另外，中国与伊朗、巴基斯坦就铺设高铁线也正在商谈中。①

（二）铁路网连通境内外

“一带一路”愿景与行动计划提出：“沿线国家要加强基础设施规划和技术标准体系的对接，共同推进国际骨干通道建设。”这为已签订近10年的《泛亚铁路网政府间协定》注入了强大推动力，一批国际铁路建设项目正在不断提速。

2016年6月25日，昆玉铁路（昆明至玉溪铁路）的控制性工程——宝峰隧道顺利通车，这条7公里长的隧道，是中老、中越两条国际铁路线在中国境内的交会点。未来从云南始发的列车，经由这里可直达泛亚铁路。

泛亚铁路东南亚段包括东、中、西三条线，都是从我国的云南昆明出发，经过越南、柬埔寨、老挝、缅甸等国，在泰国曼谷会合后经吉隆坡直达终点新加坡。

昆明北上（到西安）可以连接丝绸之路经济带，南下

① 黄卫平：《新丝绸之路经济带与中欧经贸格局新发展——兼论跨亚欧高铁的战略价值》，《中国流通经济》，2015年第1期。

可以和太平洋以及印度洋相连，那么也就和21世纪海上丝绸之路相连接，向东可接入长江经济带，向西通过中缅印国际通道可以和孟中缅印经济走廊相接。境外铁路建设也正在加紧推进。老挝在2016年开始实施的“八五”规划中，把交通基础设施建设作为重要战略，排在首位的项目便是磨丁口岸—万象的中老铁路；印度尼西亚2016年的基础设施投资额调高到244亿美元，创下历史新高；2015年年底签约的中泰铁路预计2016年下半年开工，建成通车后，曼谷将成为21世纪海上丝绸之路的重要站点。按照《泛亚铁路网政府间协定》的规划，一张连通欧亚大陆的四线铁路网已经成型：包括连接朝鲜半岛、俄罗斯、中国、蒙古国、哈萨克斯坦等国直达欧洲的北部通道；连接中国南部、缅甸、印度、伊朗、土耳其等国的南部通道；连接俄罗斯、中亚、波斯湾的南北通道；连接中国、东盟及中南半岛的中国—东盟通道。这4条线路将连接起28个国家和地区，总里程达8万多公里。

亚洲及周边地区：服务“一带一路”倡议，中国谋划铺设一条纵贯东南亚，直达马来西亚和新加坡的大通道；丝绸之路经济带，建设与中亚、欧洲联络的高铁桥梁。中泰双方已就铁路合作达成协议；老挝铁路只差“临门一脚”；与印度签署政府间合作文件，确定了中印铁路合作的领域和行动计划；中巴经济走廊、孟中印缅经济走廊正在规划之中，互联互通铁路通道规划有望成型。

非洲：从西非到东非，中国修筑的“钢铁长龙”将非洲多国连通。2014年，横贯安哥拉全境的本格拉铁路全线竣工；尼日利亚的连接首都阿布贾至卡杜纳铁路铺通，沿海铁路合同签订；连接埃塞俄比亚与吉布提的铁路正在铺轨……

欧洲：中国企业在海外参与修建的第一条时速250公里高铁——土耳其安卡拉至伊斯坦布尔高速铁路二期顺利通车；中俄高铁合作已达成初步共识，签署了合作文件；积极推动中东欧、中吉乌等国铁路合作项目。

美洲：中国、巴西、秘鲁三国已经成立“两洋铁路”联合工作组；美国西部快速铁路，由铁总牵头组成的联合体正在与美方商谈。

目前我国高铁的核心竞争力主要在全车制造、接触网、牵引供电系统和列车运行控制系统几个方面。其中接触网和牵引供电系统是我国的宝鸡保德利电气公司吸收了德国和意大利的技术后实现国产化的。铝合金车体是由山东丛林铝业公司利用西安重型机械研究所设计的世界首套万吨油压双动铝挤压机制造的；而作为高铁的最核心技术：列车运行控制系统方面，是中国铁路通信信号集团公司吸收了西门子和日立公司的经验成功研发出的具有自主知识产权的CTCS-3级列控系统。除此之外，250/350公里高速转向架是我国自己攻克的、高速铁路基础设施中的无砟轨道板也已拥有自主知识产权。

在“丝绸之路经济带”建设中，先行的是跨越亚欧大陆的物流，国内很多城市都开行了到欧洲和中亚的货运列车。2013年之前仅有渝新欧班列，现在则有三大通道、多条班列，如蓉新欧班列、郑欧班列、义（乌）新欧班列。多数班列经新疆阿拉山口这个西部通道到哈萨克斯坦，再去往欧洲各地。

（三）国际区域合作走向深入

随着“一带一路”愿景和行动计划出台，中国周边的国际次区域合作也将走向深入，主要包括以下联通中外的经济合作带：

中蒙俄经济带：主要通过环渤海、东北地区与俄罗斯、蒙古等国家的交通与能源通道，并向东连接日本和韩国，向西通过俄罗斯连接欧洲。主要包括吉林省的长吉图开发开放先导区等。

新亚欧陆桥经济带：通过原来的亚欧大陆桥向西通过新疆连接哈萨克及中亚、西亚、中东欧各国家。

中国—南亚—西亚经济带：通过云南、广西连接巴基斯坦、印度、缅甸、泰国、老挝、柬埔寨、马来西亚、越南、新加坡等国家；通过亚欧陆桥的南线分支连接巴基斯坦、阿富汗、伊朗、土耳其等国家。

海上战略堡垒：分别由长吉图开发开放先导区，环渤海、长三角、海峡西岸、珠三角、北部湾等地区的港口、滨海地带和岛屿共同连接太平洋、印度洋的沿岸国家或地区。

未来10年中国对“一带一路”地区的出口占比有望提升至1/3左右，我国在“一带一路”上的总投资有望达到1.6万亿美元。外交部国际经济司副司长刘劲松在第十三届中国企业实施“走出去”战略论坛海外项目发布会上表示，中国对“一带一路”周边60多个国家的投资占中国对外投资总额的17%左右，中国吸收这些国家的投资额则只相当于中国吸收外资总额的7%左右，这说明中国与“一带一路”沿线国家和地区在投资领域有很大的增长潜力，值得中国企业进一步发展。

2014年11月，李克强总理访问哈萨克斯坦，中哈签订140亿美元大单。2015年3月，中哈又签署了33份产能文件，涉及金额高达236亿美元，中国还与中亚其他国家有深化的合作。

2015年4月，习近平主席访问巴基斯坦，中巴双方启动了总计460亿美元投资中的280亿美元基础设施项目，包括巴基斯坦铁路改造、建设发电厂等。据巴基斯坦媒体的报道，双方共签订了51份协议，包括：中国工商银行与巴方签订43亿美元融资项目；中兴通讯持股23.26%的中兴能源，与巴方签订900MW光伏电站的协议条款；上海电气与巴方签订煤田煤电一体化项目的合作协议；等等。共有至少15家中国公司参与合作协议和备忘录的签订。

随后访问印尼，中印尼不但达成了60亿美元的印尼高铁项目，之后印尼称中方将为印尼提供500亿美元的贷款，包括铁路、电力和冶金等项目。

（四）交通运输发展促进国际区域经济合作

输油输气管道、跨境高速公路、高速铁路、信息网络、飞行航路是新丝路的主要载体，其中，跨亚欧高铁是新丝路的重要标识，发挥着重要作用。新丝路战略一方面覆盖国际贸易、国际技术合作、国际投资合作、国际区域经济合作等多个领域；另一方面，既有中欧建立跨亚欧大陆区域经济合作的远景，又有中国与中亚五国、伊朗、俄罗斯等建立多边或双边国际区域经济合作的近期目标，最终将形成一个多层次、多模式的国际区域经济合作架构。高铁在新丝路战略所导向的国际区域经济合作中扮演着重要角色。

贯通中欧的新丝路覆盖中亚五国、伊朗、俄罗斯、土耳其，高铁降低了所经过地区人、财、物的流动成本，通过高铁的“线”带动区域经济发展的“面”，最终形成新丝路经济带。

形成国际贸易的其中一个原因是地区差异、禀赋差异。

如郑新欧铁路10214公里，历经两次转关、两次换轨，运行时间也只有16～18天，比海运省20余天，比空运节省费用80%。如果下一步货运时速能达100公里左右，则耗时将减少2/3，可降至4～5天，对海运的替代能力就会迅速提升。据有关部门预计到2018年，全球轨道交通装备制造业产值将突破1900亿欧元。中东、南非、亚洲、南美等地区将成为铁路建设的主战场。中国铁路海外市场将随着“一带一路”倡议的实施而逐步扩大，进一步与印度、泰国、缅甸等周边国家互联互通做大做强，把西亚、中亚，甚至欧洲大陆连接起来构成铁路版“丝绸之路”。

21世纪是亚欧大陆世纪，表现在以下几点：一是经济重心持续转移，由大西洋转向洲及太平洋地区，具体说东亚和中国成为世纪经济新引擎。二是新型经济体大多在亚欧大陆。金砖国家集团中的5个国家，有三个在亚欧大陆，分别是中国、印度和俄罗斯。三国人口总和超过27亿，接近全球的2/5。GDP总量接近西方发达国家的90%。三是亚欧大陆区域融合与一体化态势明显加强。包括上海合作组织、中国东盟自贸区、亚信、亚欧联盟、中国中东欧16+1、中国欧盟全面战略合作伙伴关系等等，形成多元聚合、一体发展格局。四是中国和德国分别提出创新规划。中国提出“互联网+”和“中国制造2025”，德国提出“工业4.0”，中国在高铁、核能、智能电网、电商、量子通信、绿色能源等方面走在世界前列。丝绸之路经济带基本以亚欧大陆为核心，海上丝绸之路也是环绕亚欧大陆，形成一个蓝色经济环。同时，辐射非洲、南太和南美等南南合作区域。中国倡导建立的非洲基础设施投资银行（AIIB），实际上也将主要服务于亚欧国家。

第三章　城镇化与城市轨道交通的发展

随着城市经济的快速发展，城市规模的日益扩大，城市人口大量集中，城市公共交通压力大幅度上升，现代化大城市必须建设与此相适应的快捷、安全、舒适的公共交通系统。城市轨道交通以其运量大、速度快、准时、安全等优点，日益成为公共交通的骨干。国际金融界普遍认为，可以用GDP的1%长期投资于大城市的轨道交通基础设施。中国城市交通建设迎来了黄金发展期，也为城市经济带来了巨大的发展动力。也要看到，中国轨道装备技术水平的提升不仅为中国带来了发展优势，同时也为世界交通发展提供了新思路。

第一节　城镇化的发展

城镇化是经济发展、人类文明进步的重要标志，也是农业国向工业国跨越的必由之路。城镇化过程是由传统、落后的农业社会向现代、文明的工业社会和信息社会演进的过程；是先进生产力和先进文化培育、升华的过程，体现了社会生产方式和生活方式的跃升与优化。中国城镇化伴随着经济规模扩张、工业化步伐加快推进、城市功能迅速提高而加快进行。

新中国成立之初，选择了重工业优先发展的现代化之路。正是工业化的发展，带动着城镇化的进程。第一个五年计划156项重大项目带动了城镇快速发展，城镇化水平提高了5个百分点。改革开放后，城镇化的步伐明显加速。中国人口和地域特点决定了我国只能选择集中型与分散型相结合、据点式与网络式相结合、大中小城市与小城镇协调发展的多元化城镇化之路。按照统筹城乡、布局合理、节约土地、功能完善、以大带小的原则，促进大中小城市和小城镇协调发展。几十年间，一座座新城迅速崛起，城镇化率从解放初期的10.64%，增加到2017年的58.52%。从城乡结构看，城镇常住人口81347万人，乡村常住人口57661万人。

根据城镇化发展的诺瑟姆曲线，城镇人口比重在30%以下为城镇化发展的初级阶段，在30%～70%为城市化加速阶段，70%以上为城市化后期阶段。中国城镇化进程可以分为4个阶段：1978—1985年，城镇化启动阶段。改革开放首先从农村开始，农村经济体制改革推动了城镇化的发展，出现了“先进城后城建”的现象。具体表现是：一是大约2000万上山下乡的知青和干部返城并就业；二是放开城乡集贸市场后，出现了大量的城镇暂住人口；三是乡镇企业异军突起带动了小城镇的发展；四是国家提高了城镇维护和建设费，拨专款用于城镇住房补贴，结束了城镇建设多年徘徊的局面。这一时期城镇化率由1978年的17.92%上升到1985年的23.71%，年均提高0.83个百分点。

1986—1995年，城镇化缓慢增长阶段。这一时期工业化对城镇化的推动作用比较明显。主要是在国内市场需求拉动和外向型经济发展模式支持下，劳动密集型的轻工业迅速发展，带动了工业就业人口迅速增长，沿海地区出现了大量由新兴小城镇组成的“工业化地区”。到1995年，城镇化率上升至29.04%，年均仅提高0.53个百分点，为中国改革开放以来城镇化发展最慢的阶段。

1996—2010年，城镇化加速发展阶段。这一时期工业结构升级特点比较明显，工业化推进速度加快，工业化与城镇化的联系更加紧密。农村人口向城镇的转移数量增大，城乡之间的流动人口增加，保护农村外出务工人员的政策不断完善，城镇基础设施建设力度加大。这些都有力地推动了城镇化进程。到2010年，城镇化率达到49.68%，年均提高1.4个百分点。2011年至今为新型城镇化阶段。

2011—2030年，城镇化率的提高计划保持在0.8～1.0

个百分点；2031—2050年计划保持在0.6~0.8个百分点。力争在2025年前基本实现农业转移人口市民化，做到市民化与城镇化同步推进。逐步形成分工明确、功能互补、等级有序的城镇体系和布局合理、集约高效、适度均衡的空间格局，实现大中小城市和小城镇协调发展。实现城乡要素自由流动、平等交换和公共资源均衡配置，形成“以城带乡、城乡一体”的新型城乡关系。

按照《国家新型城镇化规划（2014—2020年）》，到2020年，全国常住人口城镇化率达到60%左右，户籍人口城镇化率达到45%左右，百万以上人口城市公共交通占机动化出行比例达到60%，城镇可再生能源消费比重达到13%，城镇绿色建筑占新建建筑比重达到50%，人均城市建设用地控制在100平方米以内。同时，国家还明确提出，到2020年要实现约1亿进城常住的农业转移人口落户城镇、约1亿人口的城镇棚户区和城中村改造、约1亿人口在中西部地区的城镇化。

中国城镇化的起点低，1978年城镇化率仅有17.9%，比世界平均水平低约20个百分点，比欠发达地区还低约10个百分点。从1978年到2013年，中国城镇人口由1.72亿人增加到7.31亿人，城镇化率由17.92%提高到53.73%，平均每年提高1.02个百分点，新增城镇人口1596万人。尤其是“九五”以来，各时期城镇化率年均提高幅度都在

1.25个百分点以上，年均新增城镇人口都超过2000万人，这种幅度和规模在世界上都是罕见的。1981—2010年，世界城镇化率年均提高0.41个百分点，其中，发达地区为0.25个百分点，欠发达地区为0.55个百分点，而中国则高达0.99个百分点，远高于世界平均增幅（United Nations，2012）。到2014年年中，世界城镇化率为53.6%（United Nations，2014），这表明目前中国城镇化进程已经超过世界平均水平。世界城镇化率由30%提高到50%平均用了50多年时间，而中国仅用了15年。城镇化带来了生活的巨大变化。交通更便捷。城市道路从新中国成立初期的1.1万公里发展到2016年的38.2万公里，75.4亿平方米的道路面积。公交、地铁、城铁、出租车极大地方便了城市居民日常出行，缩短了出行时间。随着城市基础设施建设力度的加大，教育、医疗、文化等城市公共服务设施也得到长足发展，不断满足着城镇居民对公共服务的需求。如今，越来越多的城市致力于打造经济、社会、文化、生态全面协调发展的宜居城市。资源节约、环境友好、集约紧凑的具有中国特色的城镇化道路，是我国在众多约束条件下的必然选择。

第二节 城市轨道交通的发展

随着中国城市化程度的加深，庞大的城市人口的出行不仅影响经济效率，而且给公共交通带来巨大的压力和考验。作为城市病的重要表现之一，交通拥堵成为政府、民众关心的重要话题。2016年中国的城镇化率达到57.35%，2017年中国的城镇化率达到58.52%，依据发达国家的经验，轨道交通的便利性和优越性成为公共交通的重要选项。随着中国经济加入全球化进程的影响，国家2008年4万亿元投资的政策倾斜，以及投融资政策的开放、多元，中国的轨道交通后来居上，取得了长足发展。另外，互联网、大数据经济的到来，中国城市公共交通又出现了新的发展迹象，共享出行异军突起，民间资本试水公共交通，一时风生水起。共享出行成为轨道交通打通最后一公里的最有效最便捷的延伸，意义重大。中国公共交通以及城市轨道交通正在摆脱以政府为主导的一元化投资模式，向多元化投资模式转型。

一、我国城市轨道交通发展历程

（一）规划与发展

我国的城市轨道交通发展起步于20世纪50年代，1956年上海制定了我国第一部轨道交通规划方案《上海轨道交通规划》。此方案开了轨道建设指导方案制定的先河。我国第一条城市轨道交通线于1967年在北京开建，1969年10月1日建成通车，总里程23.6公里；到20世纪80年代末，我国建成3条城市轨道交通线路，总里程达到61.6公里；到21世纪初，城市轨道交通线数量增加到6条，总里程增加到174公里；但从2001年到2010年间，我国城市轨道交通线有了巨大进步，发展到了48条，总里程达到了1395公里。

（二）相关政策的规范

新中国成立后，中央及地方政府一直在探索我国轨道交通的发展思路和方向，并出台了一系列相关的法律法规，鼓励和指导轨道交通的发展。主要集中于以下几个方面：在施工过程中的安全性方面，住建部颁布了《关于加强城市轨道交通安防设施建设工作的指导意见》以及《城市轨道交通工程安全质量管理暂行办法》，这两部法规主要制定了对突发性事件的处理办法，以保证轨道交通建设持续健康发展；在产业组织和指导方面，《城市公共交通“十二五”发展规划纲要》规定“十二五”期间，中国城市公共交通供给将会保持高速持续增长势头，特别是轨道交通建设将会有很大幅度的增长；除此之外，在《关于进一步推进城市轨道交通装备制造业健康发展的若干意见》中，不仅全面讲述了促进轨道交通装备制造业持续健康发展的重要意义，还提出了促进其健康发展的主要措施、主要思想、根本原则、重要目标以及主要任务（见表3-1）。

表3-1　1985—2012年国家轨道交通政策出台情况一览表

时间	政策文件
1985年	公共交通发展政策
“七五”期间	规划建设技术标准政策
1995年	宏观调控政策
1996年	轨道交通发展政策
1997年	轨道交通建设政策
1999年	国产化政策
2009年	轨道交通技术规范
2009年	《城市轨道交通引起建筑物振动与二次辐射噪声限值及其测量方法标准》
2009年	《关于开展在建城市轨道交通工程安全生产监督检查工作的通知》
2009年	《关于开展在建城市轨道交通工程安全生产和市场行为督查的通知》
2009年	《关于印发曲琦副司长在全国城市轨道交通工程质量安全联络员会暨风险管理应急救援经验交流会上讲话的通知》
2010年	《城市轨道交通工程安全质量管理暂行办法》
2010年	《关于加强城市轨道交通安防设施建设工作的指导意见》
2010年	《城市轨道交通产品标准体系》
2010年	《国家发展改革委关于进一步推进城市轨道交通装备制造业健康发展的若干意见》
2010年	《城市公共交通“十二五”发展规划纲要（征求意见稿）》
2012年	《国务院关于城市优先发展公共交通的指导意见》

进入21世纪以来，中国第一次把轨道交通的建设列入国家经济五年规划中，并且把轨道交通建设提升到了拉动国家经济持续发展战略的高度。自此之后，各级政府开始重视轨道交通建设的发展，出台各种政策，制定各种规划，支持其发展，并且纷纷加大对轨道交通建设的投资。主要政策有以下几个：（1）国产化政策。1999年提出的国产化政策规定各城市的地铁设备采购价格，重点规定国产部分（外资以及中外合资企业在华生产部算进国内生产）要超过70%。（2）轨道交通建设政策。轨道交通建设政策于20世纪90年代出台，政策规定建设轻轨交通的标准是：线路附近单向客流量高峰期要到达1万人/小时；而建设地的建设标准时单向客流量高峰期要达到3.5万人/小时，并且长期单向客流量高峰期要达到5万人次以及之上。（3）《城市公共交通"十二五"发展规划纲要（征求意见稿）》（2010年，下文简称《纲要》）。《纲要》指出，目前我国正处于城市化进程高速发展期，城市化加增幅度每年提高1个百分点，也就是每年由农村转入城市的人口高达1300多万，使得城市交通需求迅猛增长。并指出，"十二五"期间，我国城市公共交通运力总量将继续保持快速增长态势，尤其是轨道交通运量将大幅增长。《纲要》指出，目前城市交通建设的目标是，人口达到300万的城市要形成以轨道交通为主干，以城市公交和电车为主体的城市交通网络；而人口大于100万小于300万的城市，轨道交通可以适度发展，但仍要以公交系统为主要发展对象，加快建设公交专用通道。到“十二五”结束之际，我国轨道交通运行里程要达到3300公里，并且提高技术发展速度，提升管理水平，切实发挥城市轨道交通在交通运输系统中的主导作用。（4）《关于进一步推进城市轨道交通装备制造业健康发展的若干意见》（2010年）。为了认真落实《纲要》，进一步巩固轨道交通设备制造业取得的发展成果，指引轨道交通行业的健康发展，国家发展改革委在2010年12月又颁布了《关于进一步推进城市轨道交通装备制造业健康发展的若干意见》，强调不仅要充分理解促进轨道交通装备制造业健康发展的重要意义，还要牢牢掌握促进轨道交通装备制造业健康发展的主要目标、任务、建设主导思想、建设原则以及主要任务。为了杜绝盲目建设和产能过剩，解决投招标过程中的违规行为以及对国产品牌轻视等问题提出了一系列意见。（5）《城市公共交通“十二五”发展规划纲要》。此《纲要》指出，目前我国正处于城镇化的快速发展阶段，城市化进程以每年约一个百分点的幅度加快，每年有1300多万人口从农村转入城市，城市公共交通需求日益旺盛。并指出，“十二五”期间，我国城市公共交通运力总量将继续保持快速增长态势，尤其是轨道交通运量将大幅增长。到“十二五”末期，我国轨道交通不仅数量上有所增长，达到3300公里，在技术和质量上也要有长足发展。进一步加快技术进步速度，提高管理效率，切实发挥轨道交通的主要作用。

在这种形势下，政府加大力度来吸引外资和民营企业进入轨道交通建设领域。外资企业主要采用供应设备和技术的方式参与轨道交通建设领域，民营企业则因投资额过大而暂时难以介入。随着我国城市化进程的深入和城市规模的扩大，外国资本和民间资本进入轨道交通行业成为一种必然的趋势。《国务院关于城市优先发展公共交通的指导意见》（国发〔2012〕64号）明确指出：“随着我国城镇化加速发展，城市交通发展面临新的挑战。城市公共交通具有集约高效、节能环保等优点，优先发展公共交通是缓解交通拥堵、转变城市交通发展方式、提升人民群众生活品质、提高政府基本公共服务水平的必然要求，是构建资源节约型、环境友好型社会的战略选择”，“有条件的特大城市、大城市有序推进轨道交通系统建设”，“大城市要基本实现中心城区公共交通车站500米全覆盖，公共交通占机动化出行比例达到60%左右”。

国务院常务会议也提出，我国多数城市公共交通出行比例偏低，必须将公共交通放在城市交通发展的首要位置，加快构建由轨道交通网络、公共汽车、有轨电车等组成的城市机动化出行系统。在确定的8项重点任务中又重点明确：强化规划调控，加强公共交通用地综合开发，对新建公共交通设施用地的地上、地下空间，按照市场化原则实施土地综合开发，收益用于公共交通基础设施建设和弥补运营亏损；加大政府投入，“十二五”期间，对城市公共交通企业实行税收优惠政策，对城市轨道交通运营企业实行电价优惠；拓宽投资渠道，吸引和鼓励社会资金参与公共交通基础设施建设和运营；健全安全管理制度，构建服务质量评价指标体系；规范公共交通重大决策程序，实行线网规划编制公示制度和运营价格听证制度；建立城市公共交通运营成本和服务质量信息公开制度。

国家和地方也相继出台了一些针对城市轨道交通建设、运营和管理的政府规章和政策文件，逐步健全发展城市轨道交通的管理体系。如1985年公交发展政策、“七五”计划期间的城市轨道交通建设技术标准政策；1996年城市轨道交通发展政策、90年代的轨道交通建设政策规定；2003年，国务院办公厅颁布了《国务院办公厅关于加强城市快速轨道交通建设管理的通知》（国办发〔2003〕81号），明确了审批城市轨道交通的准入政策；2005年，原住建部第140号令发布了《城市轨道交通运营管理办法》，对我国城市轨道交通的运营及相关管理活动做了规定；2006年，国务院发布了《国家处置城市地铁事故灾难应急预案》，对城市轨道交通发生事故情况下的应急处置提出了一系列的要求；以及2012年颁布了《国务院关于城市优先发展公共交通的指导意见》（国发〔2012〕64号）。部分城市也先后出台了相关条例、政府规章等，以重庆为例，有《重庆市轨道交通管理条例》等。

二、中国城市轨道交通的现状与问题

城市化水平代表一个国家现代经济的活跃程度，代表着各种要素集聚的程度。2016年中国的城镇化率为57.35%，数据显示，广东省城镇化率达67.76%，高居全国各省、区、市首位。有学者认为，城市化率有两个不同的统计口径，常住人口和户籍人口，二者在城镇化率上会有一定的差距，综合各种因素看来，中国的城市化率在50%左右。[①]不管统计数据的差异大小，一个不争的事实是，随着中国城市化水平正在快速发展，地面公共交通大大滞后于城市化发展水平，这为城市轨道交通带来了难得的发展机遇。

（一）公共交通面临巨大压力，轨道交通由一线城市向二线城市推进

据统计，2016年年末中国拥有公共汽电车60.86万

① 蔡继明：《我国城市化率被高估1.8亿人实为“镇民”》，东方网，2015年3月14日，http：//news.eastday.com/eastday/13news/auto/news/world/u7ai3611108_k4.html.

辆，其中BRT车辆7689辆，纯电动车占15.6%。中国大陆地区共30个城市开通运营城市轨道交通，共计133条线路，运营线路总长度达4152.8公里。其中，地铁3168.7公里，占76.3%；其他制式城轨交通运营线路长度984.1公里，占23.7%。年度新增运营线路长度创历史新高，达534.8公里，首次超过500公里，同比增长20.2%。拥有2条及以上城轨交通运营线路的城市已增加到21个。2017年年末全国拥有公共汽电车65.12万辆，比上年增长7.0%，其中BRT车辆8802辆，增长14.5%。按车辆燃料类型分，柴油车占28.7%，天然气车占27.9%，汽油车占1.0%，混合动力车占13.2%，纯电动车占26.3%。全国有32个城市开通了轨道交通，2017年新开通2个。拥有轨道交通车站3040个，增加572个；运营车辆28125辆，增长18.2%。运营线路增多、客流持续增长、系统制式多元化、运营线路网络化的发展趋势更加明显（见表3-2）。

表3-2　2011—2018年全国城市客运装备拥有量一览表

年份	公共汽电车（万辆）	轨道交通运营车辆（辆）	巡游出租车（万辆）	城市客运轮渡（艘）
2011	45.33	9945	126.38	1061
2012	47.49	12611	129.97	590
2013	50.96	14366	134.00	422
2014	52.88	17300	137.01	329

续表

年份	公共汽电车（万辆）	轨道交通运营车辆（辆）	巡游出租车（万辆）	城市客运轮渡（艘）
2015	56.18	19941	139.25	310
2016	60.86	23791	140.40	282
2017	65.12	28125	139.58	264
2018	67.34	34012	138.89	250

资料来源：根据公开资料整理。

2016年完成城市客运量1285.15亿人，比上年下降1.4%。其中，公共汽电车完成745.35亿人，下降2.6%，其中BRT客运量17.65亿人次，增长23.2%，公共汽电车运营里程358.32亿公里，增长1.7%；轨道交通完成161.51亿人，增长15.4%，运营里程4.33亿列公里，增长15.7%；巡游出租车完成377.35亿人，下降4.9%，运营里程1552.50亿公里，下降3.1%；客运轮渡完成0.94亿人，下降7.2%。[①]2017年完成城市客运量1272.15亿人，比上年下降1.0%。其中，公共汽电车完成722.87亿人，下降3.0%，其中BRT客运量21.96亿人次，增长24.4%，公共汽电车运营里程355.20亿公里，下降0.9%；轨道交通完成183.05亿人，增长13.3%，运营里程5.07亿列公里，增长17.1%；巡

① 《2016年交通运输行业发展统计公报》，交通运输部，http://zizhan.mot.gov.cn/zfxxgk/bnssj/zhghs/201704/t20170417_2191106.html.

游出租车完成365.40亿人，下降3.2%；客运轮渡完成0.83亿人，下降11.7%。2018年完成城市客运量1262.24亿人，比上年下降0.8%。其中，公共汽电车完成697.00亿人，下降3.6%，其中BRT客运量15.87亿人次，下降27.7%，公共汽电车运营里程346.10亿公里，下降2.6%；轨道交通完成212.77亿人，增长16.2%，运营里程35.26亿公里，增长18.6%；巡游出租车完成351.67亿人，下降3.8%；客运轮渡完成0.80亿人，下降3.6%。可见下表（表3–3）：

表3–3　2011—2018年全国城市客运量一览表

单位：亿人

年份	公共汽电车	轨道交通	巡游出租车	城市客运轮渡
2011	715.79	71.34	376.71	1.72
2012	749.80	87.29	390.03	1.31
2013	771.17	109.19	401.94	1.06
2014	781.88	126.66	406.06	1.07
2015	765.40	140.01	396.74	1.01
2016	745.35	161.51	377.35	0.94
2017	722.87	183.05	365.40	0.83
2018	697.00	212.77	351.67	0.80

资料来源：根据公开资料整理。

随着地铁建设的加快，地铁运营城市逐步由北京、上海、广州、深圳等城市，向省会城市和部分经济发展水平较高的二线城市推开，比如成都、南京、武汉、青岛、宁波等城市。过去5年，拥有地铁运营线路的城市由17座增加至27座，运营线路里程由1740公里增长至3169公里。统计数据显示，城市轨道交通年客运量由2012年的87亿人次增加至2016年年底的160.9亿人次，日均客流量由2448.2万人次增加至4408万人次，其中北京的日均客流量就超过了1000万人次。到2018年，城市轨道交通完成客运量为212.77亿人次，增长15.4%。

2016年，中国大陆地区城轨交通完成投资3847亿元，在建线路总长5636.5公里，均创历史新高。在建项目可研批复投资额累计34995.4亿元。截至2016年年底，共有58个城市的城轨交通线网规划获批（含地方政府批复的14个城市），规划线路总长达7305.3公里。在建、规划线路规模进一步扩大、投资额持续增长，建设速度稳健提升。

中国城市轨道交通协会发布的《2017年城市轨道交通行业统计报告》显示，2017年中国内地城市轨道交通完成建设投资4762亿元，在建线路长度6246公里，在建项目可研批复投资额累计38756亿元。截至2017年年末，共有62个城市的城轨交通线网规划获批（含地方政府批复的18个城市），规划线路总长7321公里。截至2017年年末，中国（不含港澳台地区）共计34个城市开通城市轨道交通并投入运营，开通线路165条，运营线路长度达到5033公里。其中，地铁3884公里，占比77.2%；其他制式城轨交通运营线路长度1149公里，占比22.8%。2017年新增运营线路32条，同比增长24.1%；新增运营线路长度880公里，同比增长21.2%。2016年当年线路增长首次超过500公里，达到535公里，仅一年后年线路增长突破800公里，又迈上新台阶。全年累计完成客运量185亿人次，同比增长14.9%。拥有2条及以上运营线路的城市已增至26个，占已开通城轨交通城市的76.5%。①

国际经验表明，当一国城市化率超过60%，城市轨道交通将实现高速发展以解决大城市交通拥堵问题，城市轨道交通建设投资迅速增加（见表3-4）。长期以来，我国城市轨道交通建设相对滞后，轨道交通运营总长度、密度及负担客运比例均远低于平均水平（见图3-1）。

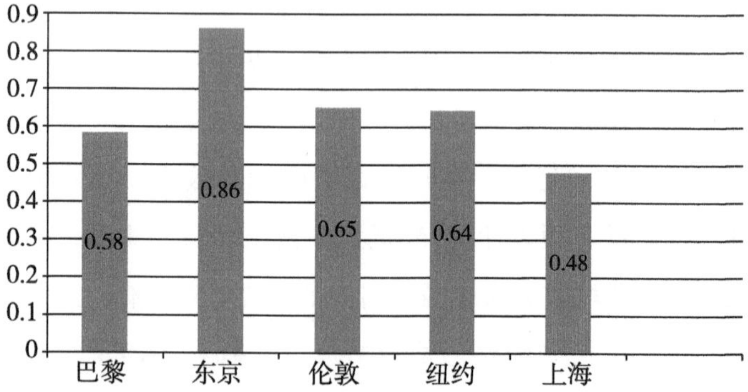

图3-1 21世纪初国内外几大城市轨道出行占比一览表

① 《2017年我国内地城轨交通完成建设投资4762亿元》，《证券时报》，2018年4月1日第五版。

表3-4　21世纪初世界城市地铁运营里程排名一览表

名次	国别	城市	长度（公里）
1	中国	上海	567
2	中国	北京	465
3	英国	伦敦	402
4	澳大利亚	墨尔本	372
5	美国	纽约	369
6	日本	东京	326
7	韩国	首尔	314
8	俄罗斯	莫斯科	312.9
9	西班牙	马德里	284
10	中国	广州	260.5
11	中国	香港	218.2
12	法国	巴黎	215
13	墨西哥	墨西哥城	201.4
14	中国	重庆	197.3
15	中国	南京	180.2
16	中国	深圳	178.8
17	西班牙	巴伦西亚	175
18	德国	柏林	173
19	美国	华盛顿	171
20	美国	芝加哥	170.6

（二）轨道交通已成为投资热点

2016年我国城市轨道交通完成投资3847亿元，2015年为3683亿元，同比增长4.5%。我国城市轨道交通投资连续多年高速增长，从下图（见图3-2）可以看到，2012年以来，我国城市轨道交通投资开始加速增长，2012年、2013年的增长幅度分别为18.00%和13.00%，2014年、2015年的增长幅度更是达到了34.00%和27.00%，城市轨道交通建设已经成为投资热点，深受资本的青睐。2017年我国城市轨道交通完成投资4762亿元。2018年我国（不含港澳台）共完成城轨交通建设投资5470亿元，同比增长14.9%，在建线路总长6374公里，可研批复投资额累计42688.5亿元。

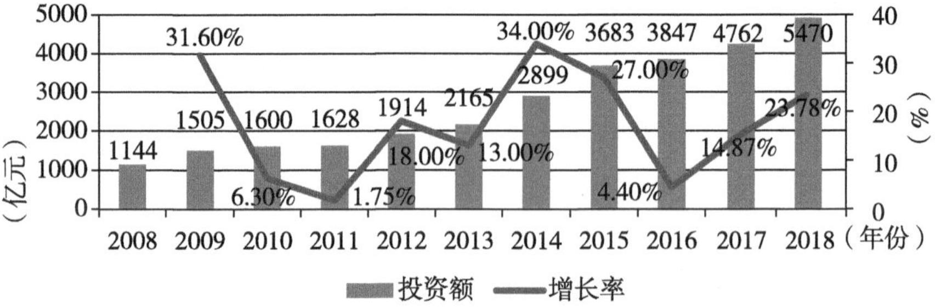

图3-2　2008—2018年国内城市轨道交通投资及其增长率一览表

1978—2015年，我国城市轨道交通投资总额约2万亿元，而这2万亿元基本上都是在“十一五”和“十二五”期间完成的，从上图可以看到，“十一五”开始，我国城市轨道交通投资进入到快速增长的通道。“十二五”期间累计完成轨道交通投资1.23万亿元，平均每年完成投资2458亿元，年复合增长率高达23%，增长幅度远远高于铁路、公路、电力、石油化工、采矿等行业。“十三五”期间，轨道交通建设投资需求仍将快速增长，预计投资规模将达到1.7万～2万亿元，2015年年底全国在建的轨道交通线路可研批复投资额额累计约2.6万亿元，这些投资绝大部分将在“十三五”期间完成，可见，“十三五”期间我国轨道交通建设将达到前所未有的投资高潮（见表3-5）。

表3-5　“十五”至“十三五”我国城市轨道交通新增里程、投资情况一览表

	新增里程（公里）	总投资（万亿元）	年均里程（公里）
“十五”期间	399	0.23	80
“十一五”期间	885	0.50	177
“十二五”期间	1900	1.23	380
“十三五”期间	2500	1.75	500

预计，“十三五”城市轨道交通新增里程较“十二五”增长31.5%。

（三）轨道交通建设速度、规模超乎以往

2000年，我国建成的轨道交通线路长度首次超过100公里，达到117公里，涉及4个城市：北京、天津、上海、广州。这是我国第一批轨道交通城市。2010年，我国建成的轨道交通线路长度首次超过1000公里，达到1429公里，涉及13个城市，除以上4个城市外，还有：大连、长春、深圳、重庆、武汉、南京、成都、沈阳、佛山。后者是我国第二批轨道交通城市。“十一五”期间，我国共建成投入运营的线路长度808公里，平均每年增加162公里。2015年（“十二五”末期），我国城市轨道交通运营线路总长度3069公里，“十二五”期间共建成投入运营的线路1640公里，平均每年增加328公里。

我国城市轨道交通的建设速度、建设规模与投资同步，“十二五”期间进入到建设速度增长的快车道，“十三五”期间建设速度与建设规模将达到前所未有的高度，到2020年，我国城市轨道交通运营里程将突破6000公里，（广义范围的城市轨道交通营运里程，包括市域快轨、现代有轨电车）有望接近8000公里，城市轨道交通将成为全国一、二线城市公共交通的主体，对城市发展的作用将进一步凸显。线路从2010年的42条上升到2017年的165条，增长不可谓不迅猛（见表3–6）。截至2017年年末，中国（不含港澳台地区）共计34个城市开通城市轨道交通并投入运营，开通线路165条，运营线路长度达到5033公里。2018年年底，我国（不含港澳台）共有35个城市开通城市轨道交通运营线路185条，运营线路总长度5761.4公里（见图3–3）。

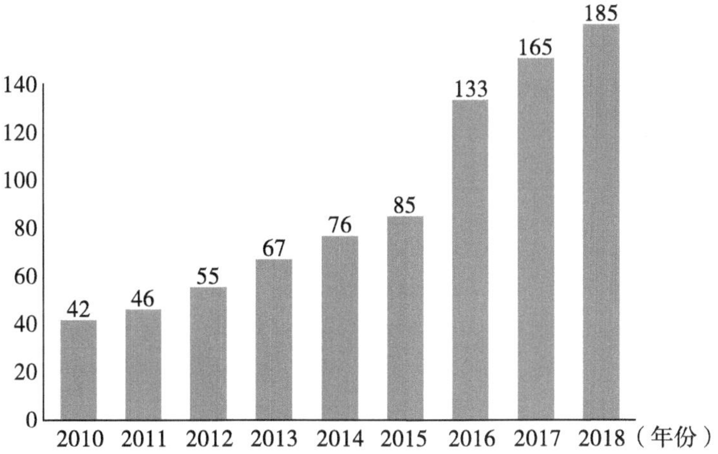

图3–3　2010—2018年全国地铁运营线路增长情况　（单位：条）

（四）很多城市轨道交通从无到有，在全国范围大规模展开，网络化运营格局显现

预计到2020年，符合国家建设地铁标准的城市将从41个增加到60个左右，建设布局具有典型“点多面广”的特征。

表3–6　2016年我国国内的轨道交通运营情况一览表

序号	城市	运营条数（条）	运营里程（公里）	运营车站（座）
1	上海	16	679.4	400
2	北京	21	617.67	376
3	广州	14	451.64	240
4	南京	10	376.95	176

续表

序号	城市	运营条数（条）	运营里程（公里）	运营车站（座）
5	重庆	9	321.99	185
6	武汉	10	321.39	206
7	深圳	8	286.44	199
8	成都	6	224.423	171
9	天津	6	221.8	159
10	青岛	4	173.38	83
11	大连	4	16.25	78
12	郑州	4	136.51	65
13	西安	4	124.1	95
14	苏州	4	120.24	97
15	杭州	3	117.36	84
16	长春	5	99	93
17	昆明	3	88.79	59
18	宁波	2	74.52	51
19	沈阳	2	65.16	48
20	无锡	2	55.72	46
21	合肥	2	52.38	47
22	南宁	2	52.3	43
23	长沙	2	50.6	43

续表

序号	城市	运营条数（条）	运营里程（公里）	运营车站（座）
24	南昌	2	48.43	41
25	东莞	1	37.79	15
26	贵阳	1	35.11	24
27	厦门	1	30.3	24
28	石家庄	2	30.27	26
29	福州	1	24.89	21
30	哈尔滨	2	22.65	23
31	佛山	1	21.46	15
32	乌鲁木齐	1	16.78	12
合计	32座	155	5139.693	3245

（五）轨道交通大多以地铁为主，其他为辅

城市轨道交通的线路形式包括地铁、轻轨、单轨、市域快轨、现代有轨电车、磁悬浮、APM7种。2016年我国（大陆地区）城市轨道交通运营线路总长度超过4000公里，该数据不包括市域快轨、现代有轨电车，这是行业内的统计习惯，称为狭义的轨道交通，一般为狭义范畴的数据。

“十二五”初期，我国城市轨道交通仍然以地铁为绝对主导，到“十二五”末期，已经形成7种线路形式协调发展的局面。如果将7项线路形式全部囊括在内，2015年我国广义的轨道交通运营里程共3618公里，其中地铁2658公里，占73.4%；其他6种形式960公里，占26.6%。2016年的数据为：地铁3168.7公里，占76.3%；其他形式城轨交通运营线路长度984.1公里，占23.7%（见图3–4）。

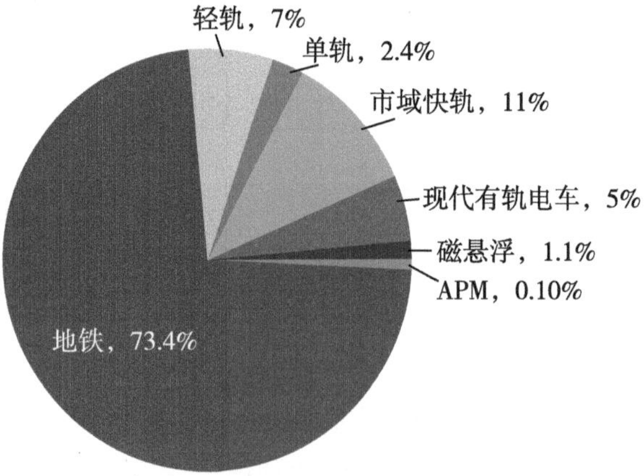

图3–4　2015年我国城市轨道交通各线路形式的占比情况

从近年来广义轨道交通新增运营里程来看，除地铁外的其他6种形式的运营里程持续增加，尤其是单轨、市域快轨、现代有轨电车等形式快速发展，磁悬浮也成功实现了零的突破。2015年全国获批的城市轨道交通规划中：武汉的141公里规划全部为现代有轨电车；杭州的250公里规划中，有61公里为市域铁路；温州157公里规划全部为市域铁路；长春的104公里规划中，有28公里为轻轨；芜湖

47公里规划全部为单轨。未来，线路形式的多元化格局将使得轨道交通的网络层次更加丰富、网络结构更加完善，多种形式的城市轨道交通将相互配合，共同为城市市民的出行添便利。

尽管目前已经形成了7种线路形式协调发展的局面，但未来的城市轨道交通建设仍然以地铁为主，且地铁的占比还会持续增加，未来将增长到85%，甚至90%。

2015年年底在建的广义轨道交通线路中，各种线路形式占比情况如图所示（见图3-5上），地铁占比84.7%，其他6种形式共占15.3%。2015年年底规划的广义轨道交通线路中，各种线路形式占比情况如图（见图3-5下）所示，地铁占89.7%，其他6种形式共占10.3%。2017年的5000多公里城市轨道包括各种形式：地铁3881.8公里，占线路总长的77.3%；轻轨233.4公里，占线路总长的4.6%；单轨98.5公里，占线路总长的2.0%；市域快轨501.8公里，占线路总长的10.0%；现代有轨电车243.4公里，占线路总长的4.8%；磁悬浮交通58.8公里，占线路总长的1.2%；APM线4.0公里，占线路总长的0.1%。

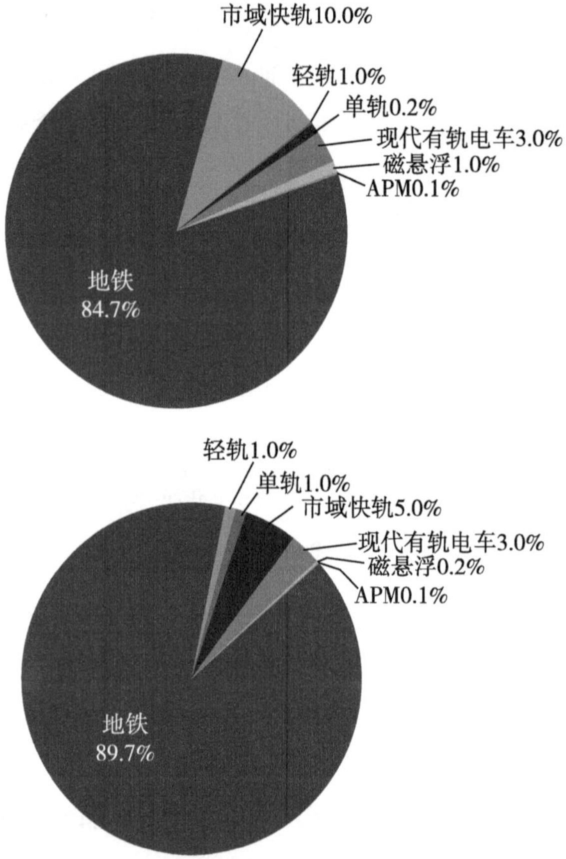

图3-5 2015年我国城市轨道交通在建线路（上）、规划线路（下）的形式结构

目前，我国城市轨道交通中以地铁为主，但是由于各地区交通运输环境不同，受到经济和人口密度以及历史环境因素的影响，高峰客运需求量不同，其他形式的轨道交通得到了有效发展。根据数据显示，2018年年末，我国已开通的城市轨道交通包括地铁、轻轨、市域快轨、单轨、现代有轨电车、磁悬浮交通、APM 7种，地铁运营线路占比78.23%，市域快轨占比8.7%，轻轨占比4.41%，现代有轨电车占比5.77%（见图3-6）。

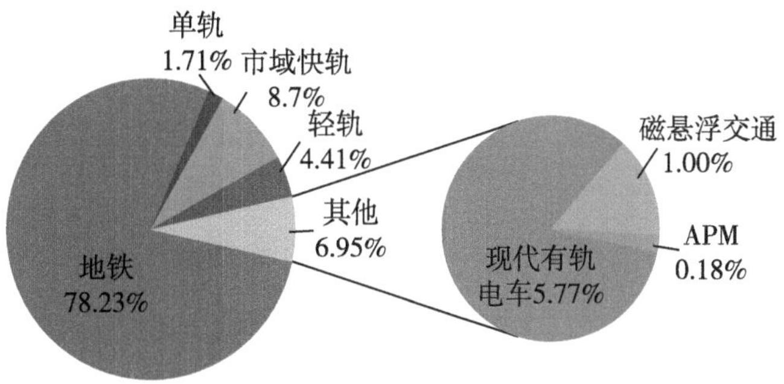

图3-6　2018年中国内地城市轨道交通各形式占比情况

资料来源：中国城市轨道交通协会前瞻产业研究院整理。

三、多元化投资政策的影响

自从1863年伦敦建立的世界上第一条地铁开始运行之后，城市轨道交通得到了广泛的应用，在世界各地蓬勃发展。如今，城市轨道交通已经成为世界各大城市主要的公共交通运输形式之一。据粗略统计，到2010年已有60个国家建有360条轻轨线路，国际200万人口以上的超级特大城市基本上都修建了地铁，并且地铁成为城市交通的主力。

从1863年到1900年的37年间，英国、美国、匈牙利、奥地利及法国5个国家的伦敦、格拉斯哥、芝加哥、波士顿等7座城市先后建起城市轨道交通。当前，已经有170多个城市建立了轨道交通，全球轨道交通运行里程也超过了1万公里。20世纪60年代以来，轨道交通更是得到了长足发展，拥有轨道交通的城市几乎是以直线的形式上升。从地理分布上来看，欧洲已开通城市轨道交通的城市最多，达75个，占比42%，但从营业里程上看，亚洲国家的城市轨道交通营业里程达3800公里，占比为38%。城市轨道交通事业具有明显的公益性，商业性相对较弱。因此在世界各城市，一般是以政府投资占主导，部分是企业单独投资或者政府财政主导下的企业投资。通过国内外许多城市在轨道交通投融资方面的具体运作情况来看，多元化的资金来源促进了轨道交通的长足进展。

（一）发达国家轨道交通投融资政策

具体来看，大约有政府投资+政府垄断经营、政府投资+政府有竞争经营、政府投资+公私合营、公私合作建设与运营和私人建设+私人运营5种投融资模式。

美国轨道交通投融资特点是征税与商业化开发，筹集城市轨道交通项目建设资金的来源主要为各级政府拨款、发行债券，美国投资和融资的主要渠道包括：燃油税，联邦或州政府拨款，运营收入，政府债券以及消费税等。对非交通设施使用者收费。当对交通设施使用者征税不能实现时，则从房产税、买卖税、矿产收入中抽出一部分用于交通建设，这部分收入占交通项目投资的23%。对城市轨道交通车站周围土地的合作开发，公交管理部门或城市轨道交通部门与开发商合作向开发商出租轨道交通车站周围所拥有的土地，从开发商手中收取土地租金和从开发商的毛收入中按一定比例收取附近租金。除了向非交通设施使用者收费和采用商业化的开发利益以外，美国在筹集地铁和城市轨道交通设施建设资金时，还采用由土地发展商出资的私人出资，发行项目债券、无息债券，以及通过在停车场、车站、车辆等处做广告而收取广告费或发行彩票等方式筹资。

德国政府有专门的交通融资法案，其中规定，用燃油税以及其他税收收入的10%发展轨道交通项目。通过评估以及审批等一系列程序的公司，可以申请高达建设资金85%的政府投资。德国地铁及轻轨建设所需资金的60%由联邦政府承担，40%由州、市政府承担，因此，它不需要通过借款等其他方式来筹集建设资金。城市轨道交通建设在投资上全部由政府承担，在经营上由国有企业（在实际操作中是公共部门）进行垄断经营，并依靠政府财政补贴以达到盈亏平衡。

英国伦敦投融资模式。伦敦，最早拥有地铁的城市，因此其地铁设施已经陈旧，亟须更新换代，或者改造翻新，其资金需求高达140亿英镑。投融资模式采用私人和政府共同出资的方式。政府通过合约的形式吸引民间资本进入，建立专营公司管理。给私人一定的经营期限，等到期后收归国有，划为政府固定资产。

日本对铁道及城市轨道交通的发展十分重视，制定了许多政策对有关投资者提供各种补助和税制优惠，促使全社会向铁道及城市轨道交通建设投资。（1）各级政府补助：政府往往不直接参与轨道交通建设投资，而是通过各种政策对轨道交通投资者进行补助。（2）地方公共团体投资：对于公营地铁公司修建的地铁新线，将以地方公共团体总建设费一定比例（1990年前为10%，1990年后为20%）的投资，作为地铁公司的资本；对于公私合营铁路公司（日本称这类企业为第三经济部门）修建的铁路新线，地方公共团体的出资比例随地方公共团体和民间的财政状况及其对铁道的需求程度、必要程度而定。（3）债券：通过发行地方债券、交通债券、铁道建设债券等进行筹资。地方债券是公营企业进行地铁建设时发行的地方性企业债券；交通债券是交通营团为筹集建设资金发行的债券；铁道建设债券是日本铁道建设公团为筹集建设资金发行的债券。（4）贷款：建设轨道交通可以申请无息或低息贷款。地铁建设可以申请铁道建设基金无息贷款，这是国家用于铁道建设的特定资金来源，可对建设费的

40%实施无息贷款。此外，地方公共团体也实施同样的援助，偿还期为15年。低息贷款向日本开发银行申请，对于立交工程、复线、换乘站改造等融资率达50%，利率为7.9%（特殊情况为5%）。（5）使用者负担金：城市轨道交通的用户需要承担一部分建设费用。从1986年起，建立特定的城市轨道交通建设资金积累制度，在票价中增加一笔附加费，相应的运营收入增加量，不用纳税，将作为大规模改造工程建设费的一部分。（6）税制优惠：日本为了大力发展铁道建设，不同时期相继出台了多种轨道交通建设的税制优惠政策。例如固定资产税中的铁道用地免征税租：地铁、道口建设及道口安全装置实行免税；工程费特别折旧制度及特别铁道工程折旧准备金制度：实施特定城市铁路建设公积金制度，以及1991年实行了铁道建设基金制度，并针对大城市轨道交通建设制定了《特定都市铁道建设促进特别措施法》，促进新线建设和扩建等。

新加坡城市轨道交通由政府投资建设，但在地铁运营方面不提供补贴。新加坡城市轨道交通项目建设资金主要来源于财政部对陆路交通管理局的拨款和陆路交通管理局自己筹措借贷，陆路交通管理局的这部分借贷资金会利用财政拨款归还。同时，陆路交通管理局的收入，如法定收费、罚款等也构成了地铁建设资金的来源。新加坡城市轨道交通的建设和运营资金都由陆路交通管理局负责，陆路交通管理局不仅要负责城市交通基础设施建设的资金，还要负责其初始运营资产的购置。通过这种方式，运营公司仅需提供少量资金就能得到运营所需要的资产，政府在进行初始投资后也不需要对运营资产进行大量的投资，这样不仅可以满足初始运营对资金的大量需求，还保证了建设及运营的速度。此外，因资产更换而产生的资金需求大部分由轨道交通企业从其自身收入中支付，同时陆路交通管理局还会给予一定补贴。通过上述分析可以看出，新加坡城市轨道交通的投融资模式是一种分阶段的PPP建设模式。它在规划建设阶段，需要在运营效益和公共利益的基础上对城市轨道交通线路进行规划，并依靠政府的信用担保和财政资金实现城市轨道交通投融资，以达到有效控制建设成本和工期进度的要求。在项目运营阶段，明确政府对城市轨道交通项目的财政补贴，通过市场化的方式引入适合的社会企业进行专业化管理经营，以最大限度地利用社会机构的高服务质量和高管理效率，从而达到降低运营成本、加快投资回收、增加运营效益、提高服务质量的目的。[①]

而我国轨道交通项目建设融资主要是银行贷款和政府财政支出，其他形式的资金来源十分狭窄、不足。

---

① 刘子长：《国内外城市轨道交通建设投融资模式研究》，《交通与运输》，2016年第1期。

（二）中国城市公共交通资金来源情况

2006年12月1日，建设部、发改委、财政部等联合颁布《关于优先发展城市公共交通若干经济政策的意见》，很多城市建立了城市公共交通投入、补贴和补偿机制，公共交通发展也正在逐步纳入公共财政体系。财政对公交的投入、补贴主要包括：

（1）中央财政——成品油价格补贴。2010年1月1日起，中央财政对城市公交实行成品油价格补贴。当国家确定的成品油分品种出厂价高于2006年成品油价格改革时的分品种成品油出厂价（汽油4400元/吨、柴油3870元/吨）时，启动补贴机制。城市公交企业的油价补贴，中央财政全额负担。油价补助资金，由财政部通过专项转移支付的方式下达省（自治区、直辖市）财政。（2）地方财政。根据我国财政的事权分配原则，城市公交企业主要由企业所在城市地方财政支持。近来随着公交事业重要性的凸显，一些省、区、市也从财政中出资发展公交事业。市级财政、城市财政对公共交通的支持主要包括对基础设施建设、车辆设备购买等财政资金支持、运营补贴及其他政策优惠等。城市财政对城市公交基础设施建设、运营车辆及技术设备购买等给予财政支持。资金来源于城市公用事业附加费、基础设施配套费等政府性资金。政府采用编列预算的方式给予适当的补贴。（3）其他支持。除以上资金补贴外，城市政府还从税费、政策、规划等方面对公交企业予以支持。主要包括：第一，税费优惠。城市政府对公交企业营业税实行减免或退税。第二，土地优惠政策。一些城市政府对公交企业站点建设给予土地使用费用减免。一些城市政府将轨道交通线路或站点周边的部分土地划拨给投资方或运营方开发，以土地的运营收入反哺轨道交通运营上的亏损。第三，广告、商贸的特许经营权。地方政府对于轨道交通利用站点设施开展商业经营，拍卖车站冠名权等，特许利用公共交通工具开展广告、商业宣传。①

（三）中国轨道交通投融资情况

1953年到改革开放初期的投融资体制是以计划经济为特征的传统投融资体制，其基本特征是投资主体单一，包括中央政府、集体所有制的城镇小企业、农村人民公社，以政府（包括中央政府和地方政府）为主导。②改革开放后，随着市场经济体制改革的展开，基本建设投资体制也进行了一系列的改革：从1984年开始全面实施“拨改贷”政策，基本建设投资全部由拨款改为贷款；生产企业作为市场投资主体的地位逐步确立；资金来源渠道逐步增加，开始发行国债；征收国家能源重点建设基金；等等。

---

① 李茜：《城市公共交通“十二五”投融资政策建议》，http://chinareform.org.cn/area/city/Practice/201112/t20111207_129392.htm.

② 吴秋艳、周国栋：《政府投资项目管理体制的形成和发展》（下），《中国投资》，2008年第6期。

“十五”计划开始时，国家明确提出了投融资改革方向：“投资主体自主决策，银行独立审贷，政府宏观调控，完善中介服务。”新的投融资体制逐步确立：（1）将投资项目分为公益性、基础性和竞争性三类。公益性项目由政府投资建设；基础性项目以政府为主，并广泛吸引企业和外资参与投资；竞争性项目由企业投资建设。（2）停止“拨改贷”办法，实行项目资本金制度。另外，由于中央政府与地方政府财政分权制度的确立，政府投资由原来的中央政府为主转变为地方政府为主。

基础设施投融资改革开始向民间、社会资本放开，先后出台相关政策。1993年通过《中共中央关于建立社会主义市场经济体制若干问题的决定》，2004年发布《国务院关于投资体制改革的决定》。前者确立了我国经济体制转向社会主义市场经济体制；后者主要鼓励社会投资，放宽社会资本的投资领域，鼓励和引导社会资本以独资、合作、联营、合资、项目融资等方式参与经济性的公益事业、基础设施项目建设。

上述投融资政策也影响到了轨道交通的发展。20世纪90年代起，随着社会主义市场经济体制改革目标的确立，项目法人制和资本金制度先后成为了我国投资体制改革的重要内容。随着各地轨道交通建设的加快，这两项制度也促成了轨道交通项目投融资的基本平台（见表3-7）。

表3–7　国务院历次调整轨道交通项目资本金对比情况一览表

年份	文件	资本金调整比例
1996	《国务院关于固定资产投资项目试行资本金制度的通知》（国发〔1996〕35号）	资本金比例35%及以上
2003	《国务院办公厅关于加强城市快速轨道交通建设管理的通知》（国办发〔2003〕81号）	原则上，城轨交通项目的资本金须达到总投资的40%以上
2009	《国务院关于调整固定资产投资项目资本金比例的通知》	城轨交通项目的资本金比例下调至25%

由于不同城市经济发展水平不同，各城市的轨道交通项目资本金比例也不尽相同，项目资本金比例高的可达到100%，低的仅为国家规定的下限25%（见表3–8）。

表3–8　国内不同城市地铁项目资本金比例对照情况一览表

城市	上海	深圳	天津	贵阳、成都、长春等
地铁项目资本金比例	42%	50%	50%	25%

（四）城市轨道交通融资主要来源为商业银行贷款

城市轨道交通建设资金需求量大，仅靠政府单一投资渠道，难以满足城市建设发展的需要。2003年国办发〔2003〕81号文国务院办公厅《关于加强城市快速轨道交通建设管理的通知》提出，“进一步开放城轨交通市场，实行投资渠道和投资主体多元化，鼓励社会资本和境外资本以合资、合作或委托经营等方式参与城轨交通投资、建设和经营，并采取招标的方式公开、公正地选择投资者。在融资渠道上，鼓励和支持企业采取盘活现有资产、发行长期建设债券和股票上市等方式筹集资金”。2005年，《国务院办公厅转发建设部等部门关于优先发展城市公共交通意见的通知》中还提出要改革投融资体制，推行特许经营制度。北京、天津、深圳、杭州等地方政府制定出台了城市基础设施或者市政公用事业的特许经营规章，准许城市轨道交通项目实行特许经营。在国家政策的鼓励下，部分城市积极进行了融资方式和融资渠道的探索，北京、上海、广州、深圳等城市采用了发行债券、中期票据、短期融资券等方式；北京、武汉、杭州等在某些项目开展了融资租赁，引入社会投资，等等（见表3-9）。例如，北京地铁4号线和杭州地铁1号线项目实施特许经营方式，都引入了港铁公司来投资、建设和经营，北京地铁奥运支线、亦庄线和深圳地铁5号线等采用了BT模式，上海地铁1号线部分资产借壳上市，等等。

表3-9　国内不同城市地铁项目银行贷款比例对比

城市	广州	深圳	重庆	上海
银行贷款占总投资比例	46%	43%	60%	58%

按照城市轨道交通平均每公里投资7亿元计算，约有6万亿元投资逐步落地。每年投资超过3000亿元，可见我国

城市轨道交通投融资创新空间巨大。

（五）多种形式参与的投融资模式

与当前城市轨道交通建设快速发展的形势相比，城市轨道交通的投融资模式、体制机制确实急需进行改革创新。包括：一是尽快完善综合土地开发政策，协调不同属性土地管理机制，促进轨道交通沿线和站点周边的物业开发；二是大力推广PPP模式，积极引入社会资本，完善有关税收政策；三是借鉴国内外先进经验，科学合理设计票价体系，既要有利于可持续经营，又要体现公益属性；四是深入研究设计综合开发的消防、环保等标准配套政策，加强综合开发、商业运营等专业人才的供给，为行业可持续发展提供保障。①

（1）PPP模式可以吸引其他投资者参与项目建设，减轻对政府财政的依赖，完成投资主体多元化的股份制改制，转换企业经营机制。比如，北京地铁16号线和深圳地铁6号线均采用了PPP模式。

（2）线路沿线土地的综合开发也是重要一环，即“地铁+物业”模式。一些地产项目作为配套，能够极大地提升线路沿线土地价值。据悉，国家发展改革委和国土资源部已经着手研究促进发展城市共同交通设施的相关

---

① 《轨道交通投融资模式需改革创新鼓励多渠道融资》，中国网，2016年9月14日，http：//finance.china.com.cn/news./20160914/3906070.shtml.

政策，计划将铁路土地进行综合开发的政策引入到轨道交通中去，对公共交通、轨道交通的上盖问题，允许采取香港地铁上盖的发展模式，广州、武汉等地已经开始尝试。

（3）海外融资也成为资金来源的重要渠道。轨道交通远远不止8600公里的规划和数万亿元投资那么简单，它的市场价值将按10万亿元来计算，撬动的也是数十万亿元的市场。城市轨道交通沿线聚集大量人口，形成稳定客流，也增加了沿线商业的客流量。不仅促进了商业集聚发展，城市轨道交通带来的经济效益也十分广泛。城市轨道交通投资巨大，产业链长，对于消化过剩产能、促进相关产业发展、增加就业岗位和拉动投资增长具有积极作用，且可以带动工程机械、装备制造、建筑材料等相关行业发展。[①]

对于如何解决政府资本金来源、吸引社会资本、降低融资成本等问题，有关专家建议：

（1）地方政府性债券可在一定程度上弥补土地出让金减少产生的资本金缺口。当地方政府收入不能满足财政支出需求时，允许地方政府发行债券为基础设施建设及公共产品筹措资金，是国际通行的做法。2010年6月，国务院发布《国务院关于加强地方政府融资平台公司管理有关问题的通知》，标志着基础设施建设投融资开始转向由政

① 张智：《6万亿投资钱从何来？满眼都是开往二线城市的地铁》，《华夏时报》，2017年6月24日第五版。

府性债务提供资金。2011年10月20日，财政部下发《关于印发〈2011年地方政府自行发债试点办法〉的通知》，决定上海市、浙江省、广东省、深圳市4省市自行组织发行政府性债券。2014年9月21日，《国务院关于加强地方政府性债务管理的意见》明确提出了“建立借、用、还相统一的地方政府性债务管理机制”，赋予了地方政府依法适度举债权限。2015年以来，地方政府性债券已经发行过两次，规模超过2万亿元，主要用途是置换原有债务。在原有债务置换基本完成后，相应的地方政府性债券将用于包括城市轨道交通在内的市政基础设施建设，为其提供稳定可持续的资金来源，解决地方政府因土地出让金减少带来的资本金缺口。

（2）PPP模式将成为主要的投融资模式，更好地吸引社会资本参与，并带来系统性变革。自2014年下半年起，国家出台了一系列文件和措施力推PPP模式。2014年12月，国家发展改革委发布《国家发展改革委关于开展政府和社会资本合作的指导意见》《政府和社会资本合作项目通用合同指南》等，对PPP项目的合同管理和日常监管提出了明确要求，为地方政府做好PPP项目的统筹规划和顺利实施提供了统一范本。2015年上半年，国家发展改革委联合财政部等部门又连续发布《国家发展改革委　国家开发银行关于推进开发性金融支持政府和社会资本合作有关工作的通知》《关于进一步做好政府和社会资本合作项目推介工作的通知》《基础设施和公用事业特许经营管理办法》等，并推出PPP项目工程包，其中包括较多城市轨道交通项目。城市轨道交通具有准公共产品属性，可长期经营并具有一定规模的收益，其投资建设运营非常适合采用PPP模式。在城市轨道交通建设领域推行PPP模式，既可吸引社会资本、解决城市轨道交通建设庞大的投资需求与资金短缺的矛盾，也可有效避免政府主导投资经营的低效率。

（3）企业项目收益债、优先股等将成为投资主体重要的直接融资手段。目前国家推动的企业项目收益债有别于一般的企业债券，更适合城市轨道交通项目融资要求，应得到充分利用。近年以来，企业项目收益债也成为国家力推的方向。为加大债券融资方式对交通等七大类重大投资工程的支持力度，国家发展改革委于2015年3月、4月先后出台了战略性新兴产业、养老产业、城市地下综合管廊建设、城市停车场建设等4个专项债券发行指引；5月，发布了《项目收益债券试点管理办法（试行）》，取消了一般企业债对成立年限、三年平均利润足够支付一年利息、债券余额不超过净资产的40%等要求，放宽了企业收益债的发行，使新建项目公司发债成为可能。据统计，2014年企业债券共发行583只，发行规模8462亿元，同比增长

35.5%，其中2119亿元用于公路、铁路、港口、机场交通等基础设施建设，1613亿元用于市政基础设施建设。在此背景下，城市轨道交通企业可通过发行项目收益债券募集资金，再用项目建成后的运营收益偿还债券的本息。

（4）抵押补充贷款（PSL）可在一定程度上替代商业贷款，降低融资成本。抵押补充贷款（PSL）是中央银行的金融创新，是以抵押方式向商业银行发放中长期贷款，以达到有效引导中长期利率、增加基础货币投放渠道的目的。PSL通过提供定向信贷支持，引导信贷流向最需要，也是政府最支持的领域，有利于优化信贷配置和结构。2014年7月，国家开发银行从央行获得了1万亿元的PSL用于棚户区改造的专项贷款。城市轨道交通同样也是具有较强的公益性、亟须投资建设的领域，国家可新增一定额度的PSL专项贷款进行支持。相比银行商业贷款，PSL贷款利率较低，可有效降低城市轨道交通的融资成本，并引导其他金融资金投向该领域。①

① 程世东、蒋中铭：《新形势下城市轨道交通投融资模式的转变与创新》，《中国经济时报》，2015年7月28日第七版。

第四章　我国轨道交通的技术发展（1978—2018年）

21世纪以来，中国轨道交通取得了令世界瞩目的发展成就，尤其是高铁技术的突破，不仅在国内遍地开花，迄今已覆盖中国大陆地区除西藏之外的30个省、区、市，到2017年年底，全国轨道交通营业里程达到12.7万公里，居世界第二位。全国高铁运营里程超过2.5万公里，位居世界第一，占世界高铁总里程的60%以上。中国高铁总体技术水平已经处于第一梯队，与日本以及欧洲各国等相比，有不足也有优势。而且在“走出去”战略中渐入佳境，除了已经建成的土耳其安伊轨道交通、沙特麦加轨道交通，已经开通的中欧班列之外，伴随“一带一路”倡议的推进，中国轨道交通已然充当了打头阵的重要角色。中国轨道交通一批境外项目都已经取得了重大进展，截至2018年年底，境外铁路项目建设有序推进。具体情况包括：雅万高铁逐步进入全面施工阶段。中老铁路稳步推进，廉洁之路建设初见成效。中泰铁路一期工程、巴基斯坦拉合尔橙线轻轨工程进展顺利。匈塞铁路塞尔维亚境内段开工建设，莫喀高铁前期工作有序推进。同时，积极参与国际组织重要活动，中国铁路在国际上的影响力和话语权进一步提升。中车四方股份公司产品已出口到全球25个国家和地区，2013年以来频频在新加坡、阿根廷、中国香港等国家和地区斩获订单。那么，中国轨道交通的发展是“市场换技术”的典范吗？中国轨道交通的技术演进路线有哪些特点呢？其突破性的发展有哪些可以探寻的逻辑脉络呢？

第一节　轨道交通技术发展特点

一、遵循行业发展规律的动力转换

1830年，英国人斯蒂芬森开启了“轨道交通时代”。由于轨道交通运输具有速度快、运量大、可靠性高的优点，轨道交通技术得到迅速发展。1913年世界轨道交通的营业里程达到110万公里，承担了80%以上的客货运输量，对推动社会和经济发展发挥了重要作用。轨道交通技术的发展大体经历了这样几个阶段：（1）从蒸汽机车到内燃机车；（2）从内燃机车到电力机车；（3）从电气化路签到调度集中；（4）从低速到客运的高速化。从20世纪60年代到现在，高技术轨道交通以其高速度、高运输效率、低运行成本和其特有的安全舒适性，使轨道交通运输业焕发生机。高铁是以电力牵引技术为基础发展起来的，它综合了近代以来的通信技术、计算机技术、电子技术、自动化技术和冶金技术等学科的成果。其突出特点是安全、高速、高效。它包括了地下轨道交通、自动化轨道交通、高速客运轨道交通和重载轨道交通等领域。

新中国成立以前的轨道交通主要集中于东北与沿海地区，在广大的西南和西北地区都没有轨道交通。轨道交通建设标准低，设备简陋、弊害严重，轨道交通主要技术装备全部依赖国外，全路钢轨有130多种类型，机车有120多种型号，成为万国轨道交通的“博览会”。新中国成立后通过大规模的建设和技术改造开始了中国轨道交通技术的起步。

中国的轨道交通发展与世界发展阶段相同。第一阶段（20世纪50年代前期）蒸汽机车时代；第二阶段（1956—2003年）内燃机车出现和发展，特别是内燃机到柴油机技术和转动装置的不断改进，使得内燃机车的速度变快和载重能力也不断提升；第三阶段（1958—2004年）电力机车的出现和发展，特别是牵引电动机技术、牵引电压器技术的不断改进，使得中国轨道交通全面进入电气化时代；第四阶段（2004年至今）高速轨道交通的出现和发展，随着电力电子技术的发展，基于动车组电力机车发展的高速列车成为我国机车目前发展的主流（见表4–1）。

表4–1　新中国成立以来我国轨道交通技术水平的变化一览表

年份	1950	1978	1995	2008	2015
营业里程/公里	22161	48618	54616	79687	121000
复线里程/公里	1148	7630	16909	28856	64000
占营业里程比重/%	5.2	15.7	31	36.2	52.9
电气化线路里程/公里	—	1030	9703	27555	74000
占营业里程比重/%	—	2.1	17.8	34.6	60.8
自动闭塞里程/公里	—	5981	12910	28100	—
占营业里程比重/%	—	12.3	23.6	35.3	—

资料来源：铁道部相关年份统计年鉴。

经过短短几十年的发展，从2004年开始，中国就进入了“和谐号”高速动车组的新时代，一跃迈入世界轨道交通发展的第一阵营。2015年全国轨道交通营业里程超过12万公里，连成直线可绕地球3圈，其中高铁运营里程达到1.9万公里，居世界第一位。同时我国的“高铁外交”也收获了多份大单。莫斯科—喀山高铁项目正式签约；中车在西方发达国家投资兴建的第一个制造基地正式破土动工，拉开了中国轨道交通装备在西方发达国家本土化制造、实现技术输出的序幕；中美双方签订协议，建设“西部快线高速轨道交通”；中国和印尼达成协议，将共同负责总长约150公里的雅加达至万隆高速轨道交通的建设运营，成为中国高铁全方位整体走出国门的重要成就；中国和老挝的轨道交通项目正式签约，这是第一个由中方主导投资建设、参与运营，并与国内轨道交通网直接连通的境外轨道交通项目，全线将采用中国技术标准、使用中国设备；中泰轨道交通合作项目启动，通过中泰两国政府间直接合作，中国参与投资、修建一条长867公里的双轨标准轨轨道。

二、“以市场换技术”的成功突破

中共十一届三中全会前后，邓小平1975年提出的引进国外先进技术加快经济发展步伐的思想已经形成广泛共识。1982年12月3日，中共中央、国务院发布了《关于批转〈当前试办经济特区工作中若干问题的纪要〉的通知》，提出了“以市场换技术”方针的指导思想。为确保通过“以市场换技术”吸引技术水平高、投资规模大的项目，1994年、1995年国家先后出台了《90年代国家产业政策纲要》《指导外商投资方向暂行规定》《外商投资产业指导目录》，使产业政策引导更加具体。加入WTO之后，“以市场换技术”策略向技术自主创新策略过渡。

在1998年至2003年的国产动车组研制过程中，铁道部要求机车车辆装备必须实现现代化，为铁路跨越式发展服务，并提出未来的机车车辆装备要满足“先进、成熟、经济、适用、可靠”的技术方针，坚持引进先进技术与自主创新紧密结合，把关键的先进技术从国外买回来，然后再进行自主开发和系统合成，实现我国铁路机车车辆制造业的整体改造，通过创新，把国外的先进技术变成自己的技术，从整体上提高我国机车车辆的现代化水平。2003年，跨越式发展座谈会在京召开，铁路装备引进、消化、吸收、再创新，作为跨越式发展战略被确定了下来。7月13日，铁道部召开部长办公会研究《加快机车车辆装备现代化实施纲要》。7月23日，铁道部装备现代化领导小组成立。铁道部和国家发展改革委员会共同印发《时速200公里及以上动车组技术引进与国产化实施方案》。此后，铁道部运输局先后签发了《关于提速干线引进200公里/小时动车组计划安排的请示》《关于编制时速200公里动车组等项目招标文件有关问题的请示》《关于铁路机车车辆装备现代化实施方案的报告》等。铁道部正式开始着手时速200公里动车组的招标事宜。8月23日，铁道部装备现代化领导小组召开会议，研究技术引进项目的操作方法与实施策略。10月，铁道部又提出了三个一流的发展目标，即：掌握世界一流技术，生产世界一流产品，建成世界一流基地。2004年4月，在铁路机车装备专题会议上，通过引进消化吸收再创新来全面提升改造中国铁路工业体系的方针被确定下来。会议明确了中国铁路装备技术引进的总原则：“引进先进技术，联合设计生产，打造中国品牌。”

轨道交通技术装备现代化取得重大成果。我国能够建成世界一流轨道交通，缩小与世界发达国家轨道交通机车车辆装备差距，得益于运用我国轨道交通市场空间巨大的优势，立足“引进先进技术联合设计生产，打造中国品牌”，以我为主、自主创新、集成创新，低成本引进消化吸收后的再创新实现了我国轨道交通技术装备水平的历史性进步。通过技术引进与自主创新相结合，在轨道交通建设、提速、重载等方面，取得了一系列重大科技成果，技术装备的总体水平显著提高。中国最早引进动车组技术时，技术来源有三个，一个是日本新干线，一个是法国阿尔斯通，一个是德国西门子。其中我们对于日本新干线以及法国阿尔斯通的技术消化最彻底。在第一代车型中，CRH2C型高速动车组已经开始了全面创新，九大核心技术全面掌握；在第二代车型中继承了CRH2C型技术的CRH380A型高速动车组轻松通过了美国的评估，拥有完全自主知识产权。CRH5型高速动车组初期技术自主化程度较低，但是到后期已经攻克了最关键的牵引传动技术与网络控制系统，也实现了技术的自主化。①

当然，统一的垄断的轨道交通市场、垂直的治理体制

① 高铁见闻：《高铁不是中国制造业的痛点，而是骄傲》，参考消息网，2017年8月21日，http://column.cankaoxiaoxi.com/2017/0821/2222026.shtml.

以及国家的政策扶植等因素，造成“以市场换技术”在轨道交通产业发展过程中取得不俗的发展绩效。

三、技术引进与扩散的路径

新中国成立至今，我国轨道交通产业的技术演化存在着一种从依赖苏联向学习西方发达国家的转换，依靠苏联的技术打下了现代轨道交通的基础；在电力化过程中，德、日、法等国的高铁技术使中国轨道交通迈向了产业高端。

中国在轨道交通产业扩散过程中，又有着一个由东向西的发展脉络。“一带一路”首先着重于亚洲基础设施的推进，同时兼顾西方国家的市场需求，美国、欧洲市场也在逐步推进。

新中国成立初期，“全面向苏联学习”先进科学技术是当时国内各部门制定政策时的重要内容。1954年3月，全国轨道交通工作会议提出，要按照苏联社会主义轨道交通的先进标准，对中国轨道交通进行有计划、有步骤的技术改造。苏联专家组在提交的轨道交通技术改造的建议报告上称：“必须预先制定轨道交通运输的技术改造的基本方针，然后根据方针来确定轨道交通网的发展和加强现有轨道交通的方法。”铁道部根据苏联轨道交通的类型，确定了当时轨道交通基本建设的方向。20世纪50年代末，我国政府与苏联签订技术合作协议，学习苏联的电力机车技术知识，开发自己的电力机车。1958年1月，为了发展内燃柴油机技术，中苏两国政府签订了《关于共同进行和苏联帮助中国进行重大科学技术研究的协定》。协定要求苏联帮助中国研究“用煤气发生炉的活塞式内燃机车和燃用液体燃料及固体燃料的燃气轮机车”。苏联提供2台经改造的煤气内燃机车，并派遣专家来中国集二线上进行试验。中国轨道交通科技工作者在向苏联同行学习的过程中，取得了显著的成效。如通过对苏联同行科技成果的学习、吸收与改进，我国很快在1000匹马力液力传动装置、无导线电空制动机、无底架油罐车等项目上取得突破性进展。

为了适应轨道交通电气化的发展需求，我国也从西方国家订购了多台先进的电力机车，希望通过技术消化吸收来提高自身技术能力。1983年10月，铁道部通过中国机械进出口公司（CMC）进口美国通用电气（GE）公司220台C36-7（ND5）型内燃机车，根据技贸结合原则，铁道部与GE公司签订了《关于机车牵引应用装置技术转让合同》，主要是GE公司转让C36-7型内燃机车七大类（12项）设计、制造技术。1985年3月，中国机械进出口总公司从以法国阿尔斯通—大西洋公司为首的欧洲50赫兹集团（FCG）购买了100多台（其中两台在中国生产）8K型电力机车。1985年开始，株洲电力机车厂和株洲电力机车研究所共派出22个团赴西欧培训，培训人员中有管理人员与技术人员，也有专业操作人员。除了从欧洲引进先进的机车制造技术，我国也从日本引进了电力机车的先进制造技术。2000年6月，大连机车车辆厂引进德国西门子公司技术，并与其合作，在东风4D型机车的基础上，研制出首台东风4DJ型交流电传动内燃机车。

1990年，株机厂派出4名设计人员赴日本日立公司进行韶山6型机车HS14263-01R型牵引电动机联合设计，设计以日立公司为主。1995年，株机厂按照日立公司技术在日立公司专家指导下全面生产HS14263-02R型牵引电动机，使株机厂牵引电动机性能和制造工艺水平上升了一个台阶。

我国第一台交流传动AC4000型电力机车原型车于1996年在株机厂试制成功。该机车采用的交流牵引电动机是由株机厂和株洲所联合开发的JD103异步牵引电动机。为了满足时速160～200公里客运专线、广深线进一步提速以及高速轨道交通中高速混跑的中速列车需求，1997年，铁道部下达了“一动六拖”电动旅客列车和动力分散式“两动一拖”为1单元、2单元编组的电动车组的研制任务。在1997年前后，铁道部就成立了高速办，即京沪高速轨道交通办公室，也是在这段时间，铁道部成立了一个京沪轨道交通技术研究总体组，这个总体组成立以后就研究了各种高速轨道交通的技术问题。

根据国务院确定的轨道交通装备现代化总体要求，2004年铁道部确定了具有可操作性的具体方案，其要点是锁定当今国际上最先进、最成熟、最可靠的技术，以铁道部为主导，以国内企业为主体以掌握核心技术为目标，利用我国轨道交通巨大的市场联合国内科研、设计、制造企业以低成本引进先进技术进行消化吸收再创造。2004年，铁道部通过公开招标，引进国外高铁企业的先进技术。德国的西门子、法国阿尔斯通、日本川崎重工和加拿大庞巴迪，这4家世界高铁技术的巨头都来参与中国高铁的竞标。引进技术生产的高速列车一统中国高铁市场。

自2004年以来，经过几年艰苦的努力，我国成功引进了法国阿尔斯通，日本川崎重工，加拿大庞巴迪，德国西门子，美国GE、EMD等世界知名企业所拥有的时速200公里及以上动车组和大功率电力、内燃机车设计制造技术，掌握了先进动车组和大功率机车的核心技术国产化率达到70%以上。对于高铁装备而言，“和谐号”“复兴号”两个品牌已经蜚声全球。

2009年，中国正式提出高铁“走出去”战略。次年，铁道部针对不同国家成立了十几个工作小组，这一战略正式开始运作。中方参与筹建的欧亚高铁、中亚高铁和泛亚高铁，正是这一战略的三个方向。

目前，中国高速列车已经成为中国高端装备“走出去”的代表，中国高铁产品已出口全球六大洲近百个国家和地区，出口产品实现了从中低端到高端的升级，出口市场实现了从亚非拉到欧美的飞跃，出口形式实现了从产品出口到产品、资本、技术、服务等多种形式的组合出口。

四、“高铁时代”由中国走向世界

回顾世界高铁发展史，日本用半个世纪的时间实现了2300多公里的高铁运行里程，平均运营时速达243公里[①]；法国历时40余年建设了1900多公里的TGV高速路，平均运营时速达277公里；德国历时20余年建设了近1600公里的ICE高速轨道交通，平均运营时速达232公里[②]。而中国只用了不到7年的时间建设运营了1.9万公里高速轨道交通，超过世界其他国家高铁运营里程的总和[③]，是世界上高速轨道交通运营里程最长、在建规模最大、拥有动车组列车最多、运营最繁忙的国家。

高速是轨道交通现代化的重要标志，建设高速轨道交通是超大、超复杂的系统工程。经过40多年的发展，高速轨道交通技术日臻完善、成熟，形成了以日、法、德3个

① 樊一江：《高铁“走出去”：世界的召唤与中国的期待》，《世界知识》，2010年第23期。

② 樊一江：《中国高铁：消除软肋，冲出阴霾》，《世界知识》，2011年第20期。

③ 盛光祖：《正在阔步前行的中国高铁》，《求是》，2014年第19期。

技术原创国为代表，适合各自国情、路情和各具特点的技术格局。

通过持续推进自主创新，我国高铁机车车辆装备制造领域一批核心关键技术实现重大突破：牵引变流技术、微机网络技术、制动技术等核心技术，打破了国外技术和产业垄断；开发研制了以高铁为代表的一系列技术先进、安全可靠、具有价格优势的各类高端轨道交通装备产品；形成了较为完善的轨道交通装备的创新平台、产品开发平台和生产制造平台；以中国标准研制成功的动车组，成为突破动车组核心技术、掌握自主知识产权的国家战略体现（见表4-2）。

中国轨道交通具有集成世界轨道交通先进技术装备的能力和经验，通过自主创新、集成创新和消化吸收再创新，具备了设计、建造和运营时速350公里及以上高速轨道交通的强大能力，在工程建设、动车组、列控、牵引供电等主要技术领域与世界先进轨道交通技术具有较好的兼容性。比如，中国轨道交通在技术创新时注重与国际标准的兼容性，融合了国际轨道交通联盟标准（UIC）、国际标准化组织标准（ISO）、国际电工委员会标准（IEC）、欧洲标准（EN）、日本工业标准（JIS）等国际先进标准，为推动中国轨道交通的“走出去”战略奠定了技术基础。经过近年来的快速发展和技术创新，中国高铁技术已实现引进技术→中国制造→中国创造的跨越，形成自主知识产权，高铁“走出去”时与其他高铁国家之间不存在知识产权纠纷。中国高铁技术覆盖面广，可以适用于世界绝大部分地区。[①]日本的新干线标准是封闭的，形成了一套自己的标准，严重阻碍了其海外订单签订，真正出口的只有中国台湾地区。

表4–2　2010年我国轨道交通装备制造业国家级技术创新平台数量一览表

单位：个

序号	单位	国家工程实验室	国家重点实验室	国家技术创新服务平台	教育部工程研究中心	教育部重点实验室	省（市）重点实验室（工程技术中心）	铁道部开放实验室（工程研究中心）	国家级企业技术中心	其他
1	中国铁道科学研究院	1	2	1	1	0	0	0	38	0
2	中车青岛四方车辆研究所有限公司	1	0	0	1	1	1	0	8	0
3	中车青岛四方机车车辆股份公司	1	1	1	1	0	0	0	0	1

① 卢春房：《中国高速铁路的技术特点》，《科技导报》，2015年第18期。

续表

序号	单位	国家工程实验室	国家重点实验室	国家技术创新服务平台	教育部工程研究中心	教育部重点实验室	省（市）重点实验室（工程技术中心）	铁道部开放实验室（工程研究中心）	国家级企业技术中心	其他
4	中车株洲电力机车有限公司	0	0	1	0	0	0	0	1	1
5	株洲时代新材料科技股份有限公司	0	0	0	0	0	2	1	1	1
6	中车资阳机车有限公司	1	0	0	0	0	0	0	0	1
7	中车眉山车辆有限公司	1	0	0	0	0	0	0	1	1
8	中车长春轨道客车股份公司	1	1	0	0	0	2	0	1	2
9	中车唐山轨道客车有限公司	1	0	0	0	0	0	0	1	1

续表

序号	单位	国家工程实验室	国家重点实验室	国家技术创新服务平台	教育部工程研究中心	教育部重点实验室	省（市）重点实验室（工程技术中心）	铁道部开放实验室（工程研究中心）	国家级企业技术中心	其他
10	西南交通大学	0	1	0	1	0	1	23	5	0
11	北京交通大学	0	1	1	1	40	3	4	5	0
12	同济大学	0	3	0	0	0	3	0	5	0
	合计	7	9	4	5	41	12	28	66	8

资料来源：最新相关数据见各公司网站。同时参考王俊彪：《轨道交通装备制造业发展趋势分析》，《中国铁道科学》，2011年第3期。

借助“一带一路”倡议的推进行动，通过“高铁外交”推动国内经济发展本身就是中国高铁技术发展带来的又一红利。中国正在谋划跨国高铁大棋局，其中有：（1）欧亚高铁（从伦敦出发，经巴黎、柏林、华沙、基辅，过莫斯科后分成两支，一支进入哈萨克斯坦，另一支遥指远东的哈巴罗夫斯克，之后进入中国境内的满洲里）；（2）中亚高铁（起点是乌鲁木齐，经由哈萨克斯坦、乌兹别克斯坦、土库曼斯坦、伊朗、土耳其等国家，最终到达德国）；（3）泛亚高铁（从昆明出发，依次经由越南、柬埔寨、泰国、马来西亚，抵达新加坡）；（4）中俄加美高铁（从中国东北出发向北，经西伯利亚抵达白令海峡，以修建隧道的方式穿过太平洋，抵达美国阿拉斯加，再从阿拉斯加去往加拿大，最终抵达美国本土）[①]。

五、国家战略与行业发展

中国轨道交通立足国情，瞄准世界最先进水平，按照“先进、成熟、经济、适用、可靠”的技术方针，充分发挥后发优势，通过原始创新、集成创新和引进消化吸收再创新，在工程建造、高速列车、列车控制、系统集成、运营维护、客运服务等高速轨道交通技术领域实现了重大突破，形成了具有自主知识产权和世界先进水平的高速轨道交通技术标准体系，走出了一条自主创新的成功之路。

在改革开放之初的1985年，国务院颁布《中共中央关于科学技术体制改革的决定》，正式启动科技体制改革，创新政策开始纳入国家轨道。体制改革的根本目的是使科学技术成果迅速地应用于实际生产，促进科技和社会的发展。我国还制定了12个领域的技术政策，这些政策包括了产业创新政策的内容。这12个领域包括能源、交通、通

① 高铁见闻：《高铁大棋：泛亚高铁下月动工建设》，《京华时报》，2014年5月8日第七版。

信、农业、消费品工业、机械工业、材料工业、建筑材料工业、城市建设、村镇建设、城乡住宅建设、环境保护。政府组织实施了“国家技术改造计划”“国家科技攻关计划”“863计划”“科技产业化计划（星火计划、火炬计划等）”，推动了我国整体创新。

铁道部作为创新的主体之一，扮演了轨道交通跨越式发展的重要主导角色。具体来说，铁道部的职能主要体现在下列方面：（1）重点负责组织实施关键性、超前性、共性技术项目的研究开发与攻关技术领域如客运专线；（2）制定中长期轨道交通行业的技术创新战略与计划，包括鼓励创新的具体优惠政策，统一安排技术创新的重点课题；（3）统一应用重大自主创新成果，加强知识产权保护，营造有利于自主创新的环境。

“八五”期间，中国开始了高速列车关键技术的先期研究和科研攻关，包括大功率交直交牵引变流器、大功率交流异步牵引电机、高速转向架、直通式制动系统、微机控制系统和列车空气动力学等。“九五”期间，国家重点科技攻关项目“高速轨道交通实验工程前期研究”和“200km/h电动旅客列车组和动力分散交流传动电动车组研究”正式开始。20世纪90年代末，中国经过多次高速列车综合试验，取得了开发高速列车的大量实践试验数据。

1995年5月，中共中央、国务院做出了关于加速科学技术进步的决定，首次确立了“科教兴国”的治国方针，指明了以科技和教育带动经济发展的方向。《中华人民共和国国民经济和社会发展“九五”计划和2010年远景目标纲要》明确指出，在科技方面今后的重点任务之一是提高产业技术创新能力。为了顺畅改革，政府及相关部门出台了一系列扶持政策，同时国务院各部门所属的其他134个技术开发类科研机构相继进行了企业化转制，公益型科研机构也开始向非营利机构转变。

1995年10月，全国轨道交通科技大会上，提出了实施“科教兴路”战略，制定了《关于加速轨道交通科学技术进步的决定》及《轨道交通科技发展“九五”计划和2010年长期规划纲要》等重要文件。明确提出了要“自主研究开发与引进国外技术相结合，建立具有我国特点的轨道交通技术体系”，强调实施“科教兴路”战略要符合我国国情、路情，以及“加速轨道交通科技进步，必须树立‘大科技’观念”等，实际上这是我国轨道交通行业开展技术创新的一种概括与反映。①

对于轨道交通产业来说，技术创新是轨道交通发展的不竭动力。“七五”以来轨道交通技术的发展已经充分证明了创新对于轨道交通发展的重要性。“十五”以来，关

---

① 吴平：《全国铁路科技大会简介》，《中国交通年鉴》，中国交通年鉴社1996年版，第101—102页。

于创新的讨论逐渐成为我国社会中的热点问题，因此如何建立适宜的产业创新也成为轨道交通各部门及学术界研究的重点领域。在轨道交通积极提高和引进技术的同时，要加强对技术创新的宏观指导和统筹协调，特别要突出自主创新，提高技术引进成效。

1999年8月，创新的意识已经深入人心。中共中央、国务院召开“全国技术创新大会”，做出《中共中央、国务院关于加强技术创新、发展高科技、实现产业化的决定》，强调运用市场经济的方法，通过体制创新和机制创新促进技术创新和科技成果产业化。

2000年7月，铁道部发布了《关于加强铁路技术创新的决定》（以下简称《决定》）。《决定》分“加强技术创新，加快轨道交通产业升级”“深化体制改革，构筑轨道交通技术创新体系”“采取有效措施，营造良好的轨道交通技术创新环境”三大部分，全面部署了新时期实施轨道交通技术创新的各项工作。《决定》号召全路要深化体制改革，逐步建立现代企业制度，确立轨道交通企业技术创新主体地位，构筑技术创新体系，为全面提高轨道交通技术创新能力提供体制保障。

2006年《国家中长期科学和技术发展规划纲要（2006—2020年）》对未来相当长的时期内国家经济社会和科技发展趋势做了分析，提出2006—2020年国家的科技发展战略自主创新、重点跨越、支撑发展、引领未来。《国家中长期科学和技术发展规划纲要（2006—2020年）》是新中国成立以来我国第一次系统提出促进自主创新的完整的政策体系的纲领性文件。其中“中国高速列车关键技术及装备研制”列入“国家科技支撑计划”，国家共计拨款10亿元，参与研发的企事业单位自筹资金20亿元，共计投入30亿元，具体又被分为10个专项课题（见表4–3）。

表4–3　中国高速列车关键技术及装备研制项目资金情况及主持单位一览表

序号	课题名称	国家拨款（万元）	自筹（万元）	课题总投入（万元）	主持单位
1	共性基础及系统集成技术	30000	75000	105000	南车集团
2	高速列车转向架技术	3000	7000	10000	北车集团
3	高速列车空气动力学	3000	6000	9000	中科院力学所
4	高速列车车体技术	3000	7000	10000	北车集团
5	高速列车牵引传动与制动技术	12000	25000	37000	铁科院
6	高速列车网络控制系统	18000	22000	40000	中科院软件所
7	高速列车关键材料及部件可靠性	5000	12000	17000	南车集团

续表

序号	课题名称	国家拨款（万元）	自筹（万元）	课题总投入（万元）	主持单位
8	高速列车运行控制系统技术	16000	33000	49000	北京交通大学
9	高速列车牵引供电技术	5000	10000	15000	中国中铁
10	高速列车运行组织方案	5000	3000	8000	北京交通大学

参与该行动计划的不仅有上述单位，还包括清华大学、西南交通大学、中南大学、同济大学、中国铁路通信信号集团、中铁电气化勘探设计研究院（中国中铁）、浙江大学、北京科技大学等。参与此次行动计划的科研人员共计68名院士、500多名教授及其他工程科研人员万余人，参与单位有25家重点院校、11家科研院所、51家国家重点实验室和工程研究中心。[①]

2008年科技部与铁道部共同签订了一份《中国高速列车自主创新联合行动计划合作协议》。这一科研计划的启动，标志着继“引进消化吸收”和“集成创新”两个阶段后，中国高铁发展开始向“全面创新”冲刺。技术可以引进，创新能力却是买不来的，所有参与项目的企业必须靠引进技术与自主创新“两条腿”走路。通过技术引进与自主

① 《中国高速列车自主创新重大项目通过验收》，科技部官方网，2014年6月13日，http://news.hexun.com/2014-06-13/165659287.htm.

创新相结合，在轨道交通建设、提速、重载等方面，取得了一系列重大科技成果，技术装备的总体水平显著提高。

当然，中国高铁的发展仍然在路上，还有许多工作要做。中国高铁制造企业正在开展智慧列车、洲际列车、时速600公里磁浮列车、时速400公里可变轨距高速列车、永磁传动高速列车等项目研究，中国高铁正在完成由“跟随”到“引领”的转变。

第二节　技术引进与进步

中国轨道交通的突破，主要体现在高铁技术上。

一、合理利用后发优势

中国高铁的起步在21世纪之初，第一条运营线路是2008年的京津城铁。而世界上第一条高铁是1964年日本运营的新干线，随后法国的东南TGV线、大西洋TGV线，意大利罗马至佛罗伦萨线，以及德国汉诺威至维尔茨堡高速新线纷纷建成。早年的动车组，主要还是靠经验+试验。通过经验造样车，试验，再总结经验，然后再造样车，试验。经过多年的发展，高铁已经形成了较为完善的技术体系。通过引进，中国高铁直接得到了最前沿的第一手的设计材料，起点就很高。计算机模拟实验告别初级的画图板和实验台，国外二三十年摸索出来的数据，中国用CAD和模拟软件三五年就能完善。另外，材料和加工工艺的进步、生态系统的构建都是不容忽视的要素。对于高铁技术的研究和储备，早在1999年10月就成立了京沪高速铁路办公室，由副部长孙永福兼任办公室主任，开始组织一系列技术研究，在1999—2003年，完成公司铁路科研项目353项，其中铁道建筑及设备115项，机车车辆及供电121项，通信信号54项，运输经济43项，新材料工艺10项，综合技术10项。[①]国务院在2004年召开的专题会议上也确定了引进少量原装、国内散件组装和国内生产的项目运作模式。2004年6月，铁道部为第六次大提速进行时速200公里动车组招标，庞巴迪、川崎和阿尔斯通分别与各自的中方合作企业中标，研发出之后的CRH1、CRH2、CRH5三类车型。2005年，铁道部启动了引进设计时速300公里及以上的动力分散型动车组采购项目。中国各企业在铁道部的统筹下，通过两轮大规模引进成功获得了日本、法国、德国的高铁技术，锻炼了设计能力，拥有了绘图制造能力，实现了技术积累，追上了世界先进水平。2008年铁道部与科技部签署了《中国高速列车自主创新联合行动计划》（以下简称《计划》），提出研制新一代时速350公里及以上

① 孙永福、高芳：《中国高速铁路成功之路（上）》，《纵横》，2014年第10期。

的高速列车，目标就是形成完全自主的中国高速列车技术、装备、产业化能力和运行服务能力。与技术引进和逆向复制不同，该《计划》的出台标志着我国高铁装备进入自主创新阶段。我国要始终处于国际先进水平，实现高铁领域的完全自主化，必须在关键领域、技术、产品上努力追赶，对最新一代技术趋势进行探索和研发。例如，对下一代电力牵引领域——永磁同步牵引系统的研究，我国企业虽起步稍晚但奋力追赶，2012年科技部出台的《高速列车科技“十二五”专项规划》中也明确提出了要发展“机遇永磁电机的新兴牵引传动技术、标准和装备体系”以及“适应并引领世界高速列车牵引传动模式的技术和装备战略转型”。

二、大国因素影响

有市场能够换来技术、有技术实施空间能够摊薄研发成本。日本第一条新干线1964年开通，截至2015年12月累计发送旅客人数超过70亿人次，中国高铁开通虽然只有短短的10年多时间，但是累计发送旅客人数已经接近40亿人次，而且现在还以每年10亿人次的规模在增长。中国强大的基础设施建设能力以及制造能力，保证了中国高铁超强的交付能力。以印尼高铁为例，140多公里的线路，中国能够3年完成，日本却需要5年以上。中国高铁性价比优势，来自于对整个供应链的控制能力、来自于强大的成本管理能力以及批量化工业制造能力。我们知道，同一个产品生产的批量越大，单位成本就越低。有中国庞大的市场作为支撑，我们能够实现批量化生产，这与国外一些企业订单时有时无的断续生产线相比，成本优势明显。中国高铁的特点是速度快、运行稳定、成本相对较低。2014年7月，世界银行驻中国代表处在一份关于中国高铁建设成本的报告中指出，中国高铁的加权平均单位成本，时速350公里的项目为1.29亿元/公里，时速250公里的项目为0.87亿元/公里，这远远低于每公里3亿元以上的国际高铁建设成本。因此，中国不仅有技术能力，而且有经济实力将高铁修到国外。

三、技术跟随到自主创新，实现弯道超车

高铁发展对先进技术装备的大量需求，推动了中国高铁装备制造业的转型升级。以动车组制造为例，中国已经形成了以主机厂为龙头、以一批国内骨干企业为支撑的动车组制造体系，一级配套企业140多家，二级配套企业500多家，打造了涵盖冶金、机械、材料、电子、电气、化工等行业的产业链，优化了产业结构。[①]中国的高速轨道交通技术相对于德国、日本等发达国家有3个优势：一是从

① 卢春房：《中国高速铁路的技术特点》，《科技导报》，2015年第18期。

工务工程、通信信号、牵引供电、客车制造等方面，中国可以一揽子出口；二是中国高速轨道交通技术层次丰富，既可以进行200～250公里每小时的既有线路改造，也可以新建350公里每小时的线路；三是中国高速轨道交通的建造成本比其他发达国家低20%左右，具有较好的经济和社会效益。①

四、适度超前的发展规划

中共十六大明确提出了21世纪前20年全面建设小康社会的宏伟目标。为全面建设小康社会提供可靠的运力支持成为轨道交通的历史使命。为此，铁道部党组针对当时我国轨道交通的状况，提出了“轨道交通跨越式发展”战略。轨道交通跨越式发展就是要快速扩充运输能力、快速提升技术装备水平。2004年年初，国务院审议通过了《中长期铁路网规划》，展现了我国轨道交通未来发展的宏伟蓝图，指出“要加快轨道交通现代化建设，立足国产化，引进和吸收国外先进经验和技术，增强自主创新能力，带动相关产业的发展”，这对轨道交通技术发展方向、技术进步和技术创新的内容都提出了更新、更高的要求。原轨道交通主要技术政策的某些内容已不适应轨道交通跨越式

① 卿三惠等：《中国高速铁路的发展与技术创新》，《高速铁路技术》，2014年第1期。

发展的需要，为进一步更好地指导轨道交通现代化建设，必须对原技术政策进行修订。2004年，轨道交通主要技术政策第五次修订完成。新的技术政策在认真分析中国国情和轨道交通路情的基础上，提出了建立中国特色轨道交通技术体系的基本思路和主体框架，“依靠科技进步与创新，建立客运高速、货运重载、行车高密度协调发展，高新技术与适用技术并举，不同等级技术装备并存的具有中国轨道交通的特点的技术体系”。

根据《国民经济和社会发展第十一个五年规划纲要》和《中长期铁路网规划》的基本要求，铁道部2006年完成了《铁路“十一五”规划》（以下简称《规划》）的编制。《规划》中确立了轨道交通“十一五”期间发展的总体目标，强调了加快构建轨道交通创新体系建设的要求，明确了企业为主体、市场为导向、产学研联合的技术创新体系。

按照《中长期铁路网规划》和工程建设进度，预计到2020年，中国在建和规划高速轨道交通全部建成通车后，高速轨道交通运营里程将超过2.5万公里，加上其他新建轨道交通和既有轨道交通提速线路，初步形成以高速轨道交通为骨架，总体规模达5万公里的快速轨道交通网，连接全国所有省会城市和50万人口以上城市，覆盖全国90%以上人口。轨道交通运输能力总体上能够适应国民经济和社会发展需要，“人便其行、货畅其流”的目标将成为现实。邻近省会城市将形成半小时至1小时交通圈。北京到全国绝大部分省会城市将形成8小时以内的交通圈，例如1小时内能到达天津、石家庄等城市；2小时能到达沈阳、济南、郑州、太原、呼和浩特等城市；3小时能到达合肥、南京、长春等城市；4小时能到达上海、杭州、武汉、西安、哈尔滨等城市；除海口、乌鲁木齐、拉萨、台北外，北京到全国各省会城市将在8小时以内。

五、制造业大国的独特优势

高速轨道交通是世界的一项重大技术成就，它集中反映了一个国家轨道交通线路结构、列车牵引动力、装备制造、高速运行控制、高速运输组织和经营管理等方面的技术进步，也体现了一个国家的科技和工业水平。中国拥有39个工业大类、191个中类和525个小类，是全世界唯一拥有联合国产业分类中全部工业门类的国家，形成了行业齐全的工业体系。这些基础，造就了中国成为世界第一科技强国的可能。2010年，中国就超过了美国，成为全球制造业第一大国。2010年世界制造业总产值为10万亿美元。其中，中国占世界制造业产出的19.8%，略高于美国的19.4%；但如果用联合国的统计数字，按2011年年初的汇率计算，中国制造业产值为2.05万亿美元，而美国制造业为1.78万亿美元，那么中国制造业产值高出美国就不只是0.4%，而是高达15.2%。中国比美国高出多少并不重要，重要的在于，美国从1895年直到2009年，已经在制造业世界第一的“宝座”上稳坐了114年，而中国制造业能够在产值上一举超过美国，这无疑是中国的一个伟大“历史性跨越”。

高速轨道交通产业链涵盖基建、车辆和配套设施购置、运营和维护四大部分。从受益的时间顺序、市场容量、利润率三个维度出发，按现阶段受益程度排序的子行业依次为：轨道交通信息化设备制造、轨道交通装备及零部件制造、高速轨道交通建设等。[①]

表4-4　1988—2011年世界各国轮轨高铁试验最高速度一览表

国家	轨道交通线路	机车类型	机车型号	试验速度（km/h）	试验日期
意大利	—	—	TGV	319	1988
韩国	—	—	KTX	352.4	2004
德国	—	—	ICE	406.9	1988.5
日本	山阳新干线	电力机车	JR500	443	1996.7
中国	京沪高铁	电力动车组	CRH380BL	487.3	2011.1
法国	东欧线	电力动车组	TGV-V150	574.8	2007.4

资料来源：林晓言等：《高速铁路与经济社会发展新格局》，社会科学文献出版社2015年版，第55页。

① 毛保华：《我国高速轨道交通建设运营对综合交通结构影响的研究》，铁道部科技研究开发计划课题2012年。

根据铁道部经济规划研究院和国家统计局共同发布的《轨道交通建设投资对国民经济拉动作用的计算分析》，轨道交通建设投资对相关产业的拉动作用进行量化标定（见表4–5）。

表4–5 轨道交通产业对相关产业拉动比重情况一览表

投入产出部门	比重/%
木材加工及家具制造业	0.05
金属制品业	0.09
通用、专用设备制造业	2.42
交通运输设备制造业	4.71
电气、机械及器材制造业	0.26
通信设备、计算机及其他电子设备制造业	1.21
仪器仪表及文化办公用机械制造业	0.24
建筑业（轨道交通）	91.02
总计	100

资料来源于铁道部经济规划研究院：《国家统计局轨道交通建设投资对国民经济拉动作用的计算分析》，2008年第16期。

中国高速轨道交通发展是建立在引进、吸收、消化和再创新的基础之上（见表4–4），例如，早期的动车组从国外引进10%，合资生产20%，自主生产70%，在短时间内完全消化吸收所有的高铁技术，存在一定难度。

由于高铁产业属于庞大产业集群的系统性工业，其产业链长，且属于资本密集和技术密集产业，高铁对产业经济具有显著的拉动效应和溢出效应。世界银行以2010年为基数，对高铁拉动和溢出效应的计算表明，京沪线对济南、德州的GDP贡献分别为0.55%和1.03%，长吉线对吉林的GDP贡献为0.64%。高铁给济南、德州和吉林带来的GDP增加分别为36.5亿元、35.9亿元和23.9亿元。[①]高铁对第三产业，特别是对旅游业的影响也日益显著。世界银行发布的《中国高铁区域经济影响分析》中指出，2012年，高铁旅行团为旅行社带来的收益占旅行社总收入的7%～8%，2013年占10%左右。其原因在于高铁可使旅行速度提高50%～100%，扩大了商务人员的市场覆盖面。高铁乘客商务出行所占比例很高（长吉线40%、京沪线63%），比普通轨道交通高很多[②]。

第三节　中国轨道交通发展前瞻

一、技术有望领跑

2016年1月26日，中国首条具有完全自主知识产权的中低速磁浮商业运营示范线——长沙磁浮快线开通试运行。这也是目前世界上规划线路最长的中低速磁浮线路。

---

① 应琛：《千里合福一日还》，《新民周刊》，2015年10月26日。

② 《高铁带来了什么？世行发布〈中国高铁区域经济影响分析〉》，http://www.ctis.cn/html/news/2014/10/news_1949.html.

长沙中低速磁浮工程列车的成功研制，使得我国轨道交通产业主机企业及其产业链，攻克了中低速磁浮列车系统集成技术，研制了拥有自主知识产权的悬浮系统、适应1860毫米轨距的悬浮架以及高可靠性的整车电气系统。这也填补了中国中低速磁浮自主知识产权的工程化和产业化运用领域的空白，在世界中低速磁悬浮列车技术领域居于一流水平，使中国成为世界上仅有的4个掌握该项技术的国家之一。

我国是世界上少数几个掌握高铁永磁牵引系统技术的国家之一。技术系统实现了从直流传动牵引系统，到交流传动牵引系统，从感应异步传动，向永磁同步传动的演进。永磁同步牵引系统契合了当前节能减排、绿色环保的技术发展趋势，成为世界大国竞相研究的技术热点。中国研制的永磁同步牵引系统，呈现出高效率、高功率密度优势，显著降低了高速列车的牵引能耗。目前，电机额定效率达到98%以上，电机损耗降至原来的1/3。在世界各国追求“绿色交通”的时代大背景下，永磁同步牵引系统已成为我国高速轨道交通技术的一个典范[①]。

中国在高铁领域的科技优势与生产实力处于世界领先地位，申请的高铁技术专利已经达到2000件以上。在全

① 曹昌、李永华：《中国高铁用上了世界最先进的牵引技术》，《中国经济周刊》，2015年第24期。

球高速轨道交通技术专利申请中，中国的申请占据70%，其后依次为日本、美国和欧盟国家，分别占13%、8%、7%。除此之外，中国高铁之所以在国际上具有竞争力，主要因为其高科技与实用性的完美结合。

二、市场份额有望扩大

中国倡导全球经济治理中应融入“发展才是硬道理”的重要理念，并在追求经济增长共性目标的同时，尊重并允许个体独立自主地选择适合自身发展的正确路径。当今世界，一大批新兴市场国家和发展中国家走上经济增长的快车道，几十亿人口正在加速走向现代化，多个发展中心在世界各地区逐渐形成，国际力量对比继续朝着有利于世界和平与发展的方向发展。

中国主张全球经济治理要与贸易保护主义积极做斗争，推动全球贸易自由化、世界经济一体化的趋势性发展。中国在参与全球经济治理的同时，逐步诚恳、自信地向世界传达改革创新的重要成果与理念。改革开放以来，中国始终坚持和平与发展是时代的主题的判断，多次向世界表明，中国过去不称霸，现在也不称霸，即使将来强大了也不称霸。中国选择和平发展、合作共赢作为实现国家现代化和民族复兴的基本途径，不搞强权外交，始终高举和平、发展、合作旗帜，为全世界的发展提供了机遇。

中国坚持走和平发展道路、建设和谐世界的主张，打破了“国强必霸”的大国崛起传统模式。

进入21世纪以来，中国同世界的关系发生了历史性根本性变化，中国的利益更加紧密更大范围地与世界各国的利益联系在一起，既是世界最大的贸易体、经济体、技术创新体，也是国际关系以及世界共同利益体的最大攸关方。中国的发展越来越能够对人类发展做出重大贡献。“一带一路”建设的提出，给了世界一个合作共赢的机会，将为世界架起和平、增长、改革、文明4座桥梁，也必将为全球合作发展提供新契机。

三、相对完善的配套措施

金融护航。全球基础建设投资贷款需求接近1.5万亿美元，而全球多边发展银行及私人投资商只能提供大约2050亿美元贷款。世界银行、亚洲开发银行每年能够提供给亚洲国家的资金大概只有200亿美元。现有国际金融体系构架里，无法充分地为“一带一路”互联互通的基础设施建设提供资金支持。随着金砖国家发展银行、上合组织发展银行、丝路建设基金等金融机构的成立，“一带一路”建设具有了可持续发展的长久动力，并将和原有国际金融机构开展有效合作。

项目带动。“一带一路”进行的互联互通基础建设投资，不仅具有巨大的投资空间，同时还能促进各国贸易，从而推动“一带一路”上相关国家的经济发展。今后10年亚洲的基础设施需求大约为8万亿美元，这是亚投行的着力点。除了“铁公基”项目，亚投行的投资将延伸到节能减排、农业等项目，也将青睐绿地投资、褐地投资，参与一些前景看好的现有项目改造。通过这种系统性的战略构建，不但可以释放有关国家强大的工业产能，帮助周边国家发展，同时还能将发达国家的冗余资本进行合理导流，给发达国家资本提供投资的机会。

重点突破。随着“一带一路”倡议和行动计划出台，中国周边的国际次区域合作也将走向深入，建好联通中外的几个经济走廊和合作带（孟中印缅、中巴、中蒙俄经济走廊及新亚欧陆桥经济带、中国—南亚—西亚经济带、海上战略堡垒），升级中国—东盟自贸区，倡议建立亚太自贸区，建立金融领域的几个实体（亚投行、金砖国家开发银行、丝路基金以及上合组织开发银行）。这些机制或构想，显然需要中国的大力参与和推进。

目前，六大经济走廊和9条出国通道规划，已搭建起“一带一路”经济合作的实体架构。中巴、孟中印缅、新亚欧大陆桥、中蒙俄、中国—中亚—西亚、中国—中南半岛六大经济走廊，基本构成丝路经济带的陆地骨架。其中，中巴经济走廊注重石油运输，孟中印缅经济走廊强调与东盟贸易往来，新亚欧大陆桥经济走廊是中国直通欧洲的物流主通道，中蒙俄经济走廊偏重国家安全与能源开发。国家交通部规划的中—老—泰、中—蒙、中—俄、中—巴、中—吉—乌、中—哈、中—塔—阿—伊、中—印、中—越九大“一带一路”交通重点项目，基本构建了对内连接运输大通道、对外辐射全球的丝路通道。

第五章　轨道交通步入发展新阶段（2012—2018年）

十八大以来，中国轨道交通迎来了重大的发展机遇。随着国民经济实力的增强，民生问题日益成为中国政府首先关注的重要问题。而交通基础设施的改善成为实现小康社会的基本条件，也成为实现中华民族腾飞的不可或缺的必由之路。天时、地利、人和，多重利好因素的叠加，为这一时期轨道交通步入良好发展阶段提供了重要支撑。

第一节　体制改革新突破

一、成立中国铁路总公司

在建立社会主义市场经济过程中，政企分开是一个政策着力点，确立国家与国有企业之间的正确关系，明确政府和企业在社会经济体制中的不同地位，在经济运行中实行国有资产所有权与经营权相分离，使企业成为自主经营、自负盈亏、自我发展、自我约束的法人实体和市场竞争主体。1984年10月，中共十二届三中全会通过《中共中央关于经济体制改革的决定》，提出国有企业改革是我们经济体制改革的中心环节。1993年11月，中共十四届三中全会提出国有企业改革的方向是建立现代企业制度：产权清晰、权责明确、政企分开、管理科学。

2013年3月14日，十二届全国人大一次会议批准的《国务院机构改革和职能转变方案》，实行铁路政企分开，组建中国铁路总公司，中国铁路总公司正式成立。铁道部被撤销，铁道部拟定铁路发展规划和政策的行政职责划入交通运输部。2017年11月15日，中国铁路总公司属下18个铁路局均已完成公司制改革工商变更登记，并于19日正式挂牌，标志着铁路公司制改革取得重要成果，为国铁实现从传统运输生产型企业向现代运输经营型企业转型发展迈出重要一步。

2017年，全国铁路旅客发送量完成30.84亿人，比上年增加2.70亿人，增长9.6%。其中，国家铁路30.38亿人，比上年增长9.6%。全国铁路旅客周转量完成13456.92亿人公里，比上年增加877.63亿人公里，增长7.0%，其中，国有铁路13396.96亿人公里，比上年增长6.9%。全国铁路货运总发送量完成36.89亿吨，比上年增加3.57亿吨，增长10.7%，其中，国家铁路29.19亿吨，比上年增长

10.1%。全国铁路货运总周转量完成26962.20亿吨公里，比上年增加3169.94亿吨公里，增长13.3%，其中，国家铁路24091.70亿吨公里，比上年增长13.2%。集装箱、商品汽车、散货快运发送量比上年分别增长47.9%、58%和9.3%。全国铁路固定资产投资完成8010亿元，投产新线3038公里，其中高速铁路2182公里。全国铁路营业里程达到12.7万公里，比上年增长2.4%，其中，高速铁路营业里程达到2.5万公里。[①]

二、成立中国中车

2017年前后，我国对国有经济发展和国企改革提出了一系列指导思想：加快国有经济布局优化、结构调整、战略性重组，促进国有资产保值增值，推动国有资本做强做优做大。深化国有企业改革，发展混合所有制经济，培育具有全球竞争力的世界一流企业。大型国企通过并购重组，有效抑制产量过剩，优化结构、减少成本、降低杠杆，推进供给侧改革任务进程；提高产业集中度和核心竞争力，使中国企业能够更为从容地面对全球竞争。

在这样的政策背景下，中国中车股份有限公司（中文简称“中国中车”，英文缩写“CRRC”）经国务院同

① 国家铁路局：《2017年铁道统计公报》，http://www.mot.gov.cn/tongjishuju/tielu/201805/t201805_3020550.html.

意，国资委批准，由中国北车股份有限公司、中国南车股份有限公司按照对等原则合并组建了A+H股上市公司。2015年6月1日，中国中车正式成立。中国中车现有46家全资及控股子公司，员工17万余人，总部设在北京。中国中车承继了中国北车股份有限公司、中国南车股份有限公司的全部业务和资产，是全球规模领先、品种齐全、技术一流的轨道交通装备供应商。主要经营：铁路机车车辆、动车组、城市轨道交通车辆、工程机械、各类机电设备、电子设备及零部件、电子电器及环保设备产品的研发、设计、制造、修理、销售、租赁与技术服务；信息咨询；实业投资与管理；资产管理；进出口业务。中国中车制造的高速动车组系列产品，已经成为中国向世界展示发展成就的重要名片。产品已出口全球六大洲近百个国家和地区，并逐步从产品出口向技术输出、资本输出和全球化经营转变。中国中车致力于“中国制造2025”和“互联网+”的创新企业，成为以轨道交通装备为核心，跨国经营、全球领先的高端装备系统解决方案供应商。

中国南车和中国北车原来是一家企业，也就是中国铁路机车车辆工业总公司，为了发展高铁促进竞争打破垄断，于2000年前后拆分为两家，并且分别在国内A股上市，中国南车负责南方业务，中国北车负责北方业务。这次合并旨在发挥协同效应，通过整合既有的研发制造能力，打造一家全球领先、跨国经营的轨道交通装备整体解决方案供应商，合并后的中车公司不仅将成为全球高铁技术的最大供应商，更将巩固合并后的中车公司作为全球最大轨道运输设备制造商的地位。尤其合并后的实体公司将受益于更大规模、更高运营效率、更高研发效率、更低采购成本和统一的全球战略，将实现更高国际竞争力。

经济学理论认为，同行业公司合并的主要原因在于市场支配力和效率。在前一种动机驱动下，公司合并可以让双方控制更大的市场份额并抬高价格。另一种促使企业合并的原因，是为了提高效率并降低成本。合并企业可以整合重叠业务，减少设备或人力成本。重叠的部分可能存在于制造设备、研发，或者会计等后台职能中。（1）南北车的合并将带来降本增效，提升长期盈利水平的效果。两家公司通过合并后研发、市场等资源的共享，重复投资将得到避免，从而有利于成本的控制和利润的增加。也有效地避免两家公司相互压价竞争对利润率的影响，从而充分保障了国家利益。这也是国家高层推行“高铁外交”后，与世界其他重大竞争对手在同一级别的竞争上需要的举措，以“中国高铁”的整体形象出现，以一种声音面对竞争，是更具竞争力、更有效率的做法。（2）南北车合并有助于海外市场的开拓。南北车是“一带一路”“走出去”的龙头。本次合并有利于未来的中国中车完善产品组合、发挥规模效应和协同效应、增强技术实力、优化全球产业布局和资源配置，增强核心竞争力，建设世界一流企业。本次合并后，新公司将加大海外市场开拓，有利于做大中国轨道交通设备行业总量，带动包括零部件行业在内的整个行业的发展。（3）对于上游零部件设备制造商而言，今后将面临一家客户独大的局面，其议价能力将在一定程度上会被削弱。考虑到铁路设备零部件进口替代、行业整合的加速，预计铁路设备零部件企业的高毛利率水平或将逐步下移。但从另一角度来看，南北车合并后将加速推行产品的标准化，采购体系统一，效率优先，有助于加速核心零部件国产化进程，帮助有竞争优势的本土供应商脱颖而出。

中国中车成立后，规模效应显现。2016年，中国中车获得出口订单约81亿美元，同比增长近40%，产品出口至全球六大洲102个国家和地区，占据全球83%的市场份额。2017年，新签订单约3141亿元人民币（其中国际业务签约额约57亿美元）。

第二节　探索混合所有制改革

2015年国务院曾发文明确表示要在电力、石油、天然气、铁路、民航、通信、军工七大领域改革，开展不同领域混合所有制改革的试点示范。铁路作为七大领域之一，混改势在必行，难度也显而易见。铁路混改或将沿着上下游“专业化”“科技化”“铁路网+互联网”的思路向前推进。

中铁总体量庞大，对于体量较小的社会资本来说，进入也很难有话语权，利润还要靠中铁总统一清算。未来除了铁路干线外，在铁路规划设计、支线和专项铁路项目、智慧铁路、铁路物流、电子支付等领域二、三级层面的公司，铁总还会通过引入战略投资者等方式与互联网、物流等行业的龙头企业合作。“一方面中铁总改革需要加快速度，另一方面由于铁总是一个国有控股长期垄断的企业，这次可以通过混改积极引进社会资本，为产业链、综合交通运输、‘互联网+’以及智能技术创造一些条件。”同济大学教授孙章表示。

2018年所有制改革重点研究各专业优势公司和科技型企业实施混改方案，引入社会优质资源，推进Wi-Fi运营公司股权转让，构建市场化运行机制，促进铁路资本与社会资本融合发展并加强对股权转让、引入外部投资者等事项的分析论证，依法推动合资合作。

铁路混改三条主线已基本明确，一是与铁路运输上下游企业合作；二是“铁路网+互联网”双网融合，加强具有规模效应、铁路网络优势的资产资源进行重组整合；

三是创新铁路发展基金发行模式，畅通企业、社会投资铁路发展基金渠道。据了解，中铁总将按照“非运输企业—铁路局—总公司”这三步来完成公司制改革，进一步厘清总公司和下设各铁路局集团公司的管理关系，明确权责界面，全面确立铁路局集团公司市场主体地位。2017年中铁总全国18个铁路局全部改制为集团有限公司，与此同时总公司机关组织机构改革顺利完成，机关部门、内设机构、定员编制分别精简10.3%、26.6%、8.1%。另外，总公司节能减排成效明显，运输业劳动生产率和职工工资收入稳步增长。

2018年3月28日，中国铁路投资有限公司成立，这是铁路公司制改革取得的又一重要成果，是铁路建设多元化、市场化、创新化发展的一个重要标志，向打造一家投融资企业、国铁资源开发与资本运营公司迈出了坚实的一步。中国铁路投资有限公司是中国铁路总公司全额出资的依照《中华人民共和国公司法》设立的自主经营、自负盈亏、自担风险、自我约束、自我发展的法人实体。公司前身为中铁建设开发中心，1994年由铁道部投资设立，2004年更名为中国铁路建设投资公司。2017年12月，总公司党组决定，中国铁路建设投资公司、中国铁路发展基金股份有限公司、中国铁路财产保险自保有限公司重组整合改制，推动创新发展。

中国铁路投资有限公司定位于中国铁路总公司“投融资专业机构，金融服务、专业咨询评估平台和受托国铁资产管理、资本运营公司”，承担对外合资合作窗口作用，担负全路性经营资源、关联资源等重大经营项目的投资人和基石投资人，为铁路建设项目提供专业的投融资服务，并对实体企业、重点产业、重大经营项目与对外合资合作项目进行投资开发。这是中铁总健全现代企业制度，推进“交通强国、铁路先行”的重要举措。

2018年4月1日，北京产权交易所官网挂出一则产权转让公告，动车网络科技有限公司49%股权拟转让，转让底价30.49亿元。动车网络公司是中铁总确定的下属企业中唯一经营动车组Wi-Fi的企业，成立于2017年12月20日，为国有独资企业。这是中国铁路总公司（以下简称“中铁总”）的混合所有制改革迈出的重要一步。中国铁路投资有限公司为该公司的100%控股股东，中铁总则对中国铁投100%控股。经营范围为技术开发、软件开发、数据处理、互联网信息服务、国内旅游业务、保险代理业务等。目前中铁总在动车组上布局的Wi-Fi已形成规模化。当前京沪高铁“复兴号”动车组实现了Wi-Fi全覆盖，今后将推广到全部高铁。2022年北京冬奥会重大交通基础设施——京张高铁，也将实现车辆Wi-Fi全覆盖和车站Wi-Fi覆盖。中铁总将进一步推动高铁网与互联网“双网融合”，积极推动客票电子化、“刷脸”进站等技术应用，探索高铁Wi-Fi、“高铁+共享汽车”等方面的市场化合作，提供多样化个性化高铁服务。[①]

第三节 轨道交通技术优势明显

一、全碳纤维复合材料地铁车体问世

2018年1月，中车长春轨道客车股份公司（以下简称“中车长客”）在轨道交通领域再获重大突破，研制出具有完全自主知识产权的世界首辆全碳纤维复合材料地铁车体。此次新材料车体的成功研发，不仅带来车体减重，节能减排降耗，提高安全性、舒适性和使用寿命等优点，更重要的是探索了碳纤维复合材料在轨道交通大批量工业化生产应用的方向和实施路径。据了解，该车体采用薄壁筒形整体承载结构，车体长度为19000毫米，车体宽度为2800毫米，车体顶面距轨面高度为3478毫米。性能精良，特点凸显。

中车长客生产的全复合材料地铁车体充分发挥了碳纤维复合材料的优越特点，可以用更轻的材料完成与金属材料同等的结构设计，使整车较同类地铁金属车体减重约

① 《铁总混改大幕拉开：转让高铁Wi-Fi独家运营公司49%股权》，《铁路观察》，2018年4月2日。

35%，从而对提高车体的运载能力、降低能源消耗、降低全寿命周期成本、减少线路损害等具有重大意义。全复合材料地铁车体突破了整体承载地铁车辆复合材料车体设计分析技术、车体连接技术、复合材料低成本及大尺寸制件的成型制造技术及复合材料车体静强度试验技术，进行了10余种材料性能测试，6000多个元件、典型件、组合件、全尺寸试验件等积木式设计验证试验，经过反复优化论证，解决了复合材料应用于轨道车辆承载结构面临的难点，车体最终性能优异，满足在极限恶劣工况和环境下的使用要求。中车长客对车体的各项性能指标也进行了大量验证，经仿真分析验证了车体疲劳强度方面的优势，使车体具有更高安全性和可靠性。车体的抗振动能力也较同类金属车体提高了18%以上，更有效地防止了车身与转向架之间的共振。由于车体运用的复合材料具有良好的耐腐蚀性能，车体不须进行特殊的防腐蚀处理即可在许多金属通常会发生氧化、腐蚀的环境中长期使用，使用寿命超过不锈钢材料。车体用复合材料的隔热性能很强，导热系数接近防寒材，全复合材料车体的隔热性能近乎铺设了防寒材的金属车体；复合材料车体的隔声性能同样优于金属车体，大大降低了车体的振动和噪声，提高了乘坐舒适度。利用复合材料可设计性强、可一体化成型的特点，全复合材料车体最大限度地实现部件整合、零件整合，通过模具一体成型。车体各模块之间采用机械连接，消除了传统金属车体因焊接变形导致的尺寸偏差和形位偏差，提高了车体尺寸精度和外观质量。为国内建立完整的轨道行业标准打下基础。新材料特别是碳纤维材料在轨道交通行业不仅缺乏应用，更缺乏各类标准，此次车体研制结合国际航空领域在碳纤维的成功应用经验和标准，创造性地探索了碳纤维在轨道交通行业应用的材料标准、设计准则、工艺指南、质检标准、试验判定和维护策略等，为国内建立完整的轨道行业标准打下了基础。

全碳纤维复合材料车体研发和试验完全独立自主完成，并且全部应用国内生产的碳纤维复合材料，具有全部自主知识产权，为后续大批量生产应用的可持续性提供了有力保障。随着我国轨道车辆装备制造业的快速发展，轨道车辆装备制造技术也在逐步提升。碳纤维是国家战略新兴材料，由于新材料特性，国内外在大工业领域包括航空航天等领域都在积极探索应用，但在轨道交通行业的研究主要应用在非主承力的小部件试制上。本次中车长客研发的大尺寸，承载结构全碳纤维复合材料车体不仅属国内首创，国际也未有先例，它的研制成功验证了碳纤维复合材料在轨道交通承载结构上应用的可行性，也使碳纤维复合材料在轨道交通大批量工业化生产应用上步入了新时代。

二、通过高速磁浮交通系统技术方案

高速磁浮作为一种新型尖端轨道交通技术，其优势已被越来越多的国家关注，德国、日本等发达国家沿用不同技术路线发展了多种磁浮交通运输方案。日本的超导磁浮技术实现603公里/小时的试验速度，德国的磁浮技术最高试验速度达到505公里/小时，并在我国上海建成了运营速度430公里的国际首条商业运营高速磁浮线，但时速600公里高速磁浮系统及工程化应用在我国尚属空白。

2016年10月，科技部组织召开“先进轨道交通”重点专项启动会，高速磁浮项目正式启动。据介绍，高速磁浮交通系统由磁浮车辆、地面牵引控制、运行控制、线路轨道系统等构成，涉及学科、专业众多，是一项技术难度极高的系统工程。该项目采用产学研用相结合的创新模式，由中车四方股份公司牵头，联合国内15家企业、高校、科研院所共同攻关。目前高铁的最高运营速度为350公里/小时，航空巡航经济速度为800~1000公里/小时，时速600公里高速磁浮交通系统可以填补高速铁路和航空运输之间的速度空白。高速磁浮既可用于长途运输，也可用于快捷通勤，尤其适用于三种交通运输模式，即经济规模大、同步性高、一体化强的“通勤化”交通，经济规模大、互补性强、协调性需求高的大型城市间的“同城化”交通和经济规模差异大、发展均衡性需求大的东西部中心城市间的“走廊化”交通。对于丰富我国轨道交通体系结构，形成由航空运输网、高速轮轨网和高速磁浮网组成的高速运输网，实现我国轨道交通技术持续领跑，在未来国际竞争中抢占技术制高点，具有重要而深远的意义。

据介绍，高速磁浮交通系统技术方案通过评审，意味着下一步可以进入施工设计，具有重要的节点意义。按照课题计划，2018年将研制出样机，2020年研制出时速600公里高速磁浮样车，并完成5公里试验线验证，进行集成示范，为实现高速磁浮工程应用和产业化奠定基础。

三、新型磁浮列车工程样车运行试验成功

2018年5月23日，新型磁浮列车工程样车运行试验取得成功，时速可达160公里以上。该列车在国际上首次采用“长定子永磁直线同步牵引+永磁电磁混合悬浮”技术方案，具有能耗低、牵引效率高、设备更换维修方便等特点。通过对牵引和悬浮系统的优化升级，在模块化、轻量化、集成化等方面实现了一系列关键技术突破，与我国现在投入运营的中低速磁浮交通相比，悬浮功耗降低20%，牵引效率提高10%以上，综合技术性能达到国际先进水平。

有关专家指出，本次运行试验成功，是国家“十三

五”先进轨道交通重点专项课题取得的阶段性成果，标志着我国已掌握中速磁浮交通核心关键技术，对推动我国磁浮交通技术发展具有十分重要的意义。磁浮列车由于车体与轨道不接触、无摩擦，具有噪声低、损耗小、易维护等优点，被誉为“零高度飞行器”。目前世界上投入商业运行主要有高速和中低速两类磁浮交通线。高速磁浮速度快，但系统结构复杂、造价高、转弯半径大、选线要求高；中低速磁浮结构简单、转弯半径小、选线灵活，但存在牵引效率低、速度提升受限等不足。如何扬长避短，研制出兼具两者优点的中速磁浮列车，成为了我国磁浮交通发展的一项新课题。试验成功的这种新型磁浮列车工程样车，为我国发展时速200公里的中速磁浮交通奠定了坚实技术基础。这种兼具高速与中低速磁浮交通优点的新型磁浮列车，将为我国提供一种方便快捷的绿色轨道交通工具，非常适合在城市群之间、中心城市和卫星城市之间和大城市中运行，具有广阔的应用前景。

第六章　十九大交通战略新部署

近年来，我国铁路、公路、水运、航空、邮政、物流等基础设施网络建设加速推进，“五纵五横”综合运输大通道基本贯通，各种运输方式一体化衔接日趋顺畅。一系列走在世界前列的数据表明，中国已经成为名副其实的交通大国。中共十九大报告首次明确提出要建设“交通强国”的发展战略。我国将分两步走实现交通强国战略目标：从2020年到2035年，奋斗15年，基本建成交通强国，进入世界交通强国行列；从2036年到21世纪中叶，奋斗15年，全面建成交通强国，进入世界交通强国前列。

第一节　从交通大国到交通强国的发展演变

2018年是交通强国建设的起步之年，据不完全统计，有20多个省市公布了交通投资计划，额度累计超过了2万亿元。

中共十八大以来，我国交通运输发展取得重大成就，高速铁路、高速公路里程等首次跃居世界第一，网络化运行达到新水平，“复兴号”高速列车、C919大型客机等装备技术达到世界先进水平，网约车、共享单车等新业态引领世界潮流，我国交通运输规模总量位居世界前列，成为名副其实的交通大国。在新的历史时期，我国要实现由交通大国向交通强国的转变。

2020—2035年，是交通强国的全面建设期。要基本实现交通运输现代化，进入世界交通强国行列。到那时，人便其行、货畅其流，交通运输基础设施、运输服务、科技创新、现代治理水平将大幅提升。2036—2050年，是交通强国建成期，要全面实现交通运输现代化，进入世界交通强国前列。到那时，人悦其行、物优其流，我国交通运输基础设施、运输服务、科技创新、现代治理水平在全球全面领先。

所谓交通强国，我国从业者的共识包括：一是要交通运输综合实力世界领先。交通运输规模数量大、质量效率高、科技创新强、行业治理优、国际影响广，拥有更加安全、便捷、高效、绿色、经济的现代化综合交通运输体系，各种运输方式的比较优势和组合效率得到充分发挥。突出标志就是我国拥有一大批具有全球竞争力的交通运输企业。二是人民群众对交通运输满意。新时代，人民群众希望得到更加个性化、多样化、品质化、高效率的交通运输服务。争取实现交通发展“零距离换乘”“零排放”“零死亡”“零库存”的“四个零”理念。三是有效支撑我国社会主义现代化强国建设。交通运输要当好先行官，率先建成遍及城乡、通达全国、连通世界的全球运输供应链，打造若干个与贸易强国、制造强国相适应的世界级交通枢纽和物流中心，有效支撑我国全球生产、全球消费、全球流动。

交通运输部部长李小鹏表示，建设交通强国，必须紧紧围绕建设现代化经济体系的要求，着力构建与交通强国相适应的框架体系。具体包括，构建综合交通基础设施网络、运输装备、运输服务、创新发展、现代治理、开放合作、安全发展、运输支撑保障八大体系。

2013—2018年，中国高铁新增运营里程1.2万公里，总里程超2.2万公里，超过世界其他国家高铁运营里程的总和。到2025年，中国高速铁路网络将达到3.8万公里，覆盖中国240座中型以上的城市。至2017年年底，中欧班列已经开行6637列，铺设运行线61条，国内开行城市达到38个，到达欧洲13个国家36个城市。自中国提出“一带一路”倡议以来，目前多个省区均已开通国际货运班列。

2017年，我国新增通航机场5个、新增通航企业56家，全国通用航空器拥有量2292架，完成通用航空生产飞行80.8万小时，通航专业飞行员约3000人，通用机场300多个。5年来，通用航空业务量年均增长9.3%。2017年共有11款通用飞机实现了首飞，3款通用飞机下线。2017年2月，国家发展改革委发布的《通用航空“十三五”发展规划》提出，预计到2020年，我国通用航空产业体量相比2015年将增加超过1倍，其中飞行时间增加156.7%，机队规模扩大123.7%，通用机场数量扩增66.7%，私人飞行驾照数量增加105.8%。

2017年12月22日，工信部发布的《工业和信息化部关于促进和规范民用无人机制造业发展的指导意见》中提出，到2020年，民用无人机产业持续快速发展，产值将达到600亿元，年均增幅40%以上。形成2～5家掌握核心技术、具备世界级影响力的领先企业。根据GAMA最新统计数据，2016年全球通用航空飞机存量超过36.5万架，过去10年间通用航空飞机的年均销货量为2803.4架，年均产出值214.69亿美元。

第二节　轨道交通走向世界

一、轨道交通是“一带一路”倡议的先行者

中国提出“一带一路”倡议，就是试图要找到这样一种新的共同发展的经济增长的动力。它既是中国的倡议，

也是沿线各国的需求；既是推动中国经济发展的新方式，也是推动世界经济特别是发展中国家经济发展的新的方式。无论是陆上还是海上，它都需要大量的投资，基于长期发展的规划，还要有融资的机构，所以这也就是为什么中国在提出倡议以后，又积极地承诺和推动亚投行、丝路基金，还有新兴经济体像上合银行等，它也要解决融资的问题，还提出互联互通，像这样一些东西，都是配合或者与“一带一路”倡议相融的或者有机的组成部分，是务实的操作。沿线大多数是新兴经济体与发展中国家，它们普遍处于发展的上升期，因此，通过“一带一路”倡议构想的规划实施，有利于沿线国家经济的发展，可能成为全球经济发展的一极。对中国来说，扩大对外经贸合作空间，也有利于中国经济的稳增长。

在“一带一路”倡议提出后，中国正在通过铁路等基础设施与周边国家实现连通。中国国内四纵四横高铁网络已经全线贯通，而且提出了泛欧亚铁路线规划。按照泛欧亚铁路的规划，将来从成都坐高铁16小时就能到达土耳其伊斯坦布尔，从重庆18小时就能到达德国汉堡。此外还将有一条横穿巴基斯坦的铁路线，直达霍尔木兹海峡。三线贯通决定全球贸易主导权。相比起现在的海洋运输来说，高铁运输将为人类的商贸往来节省15倍以上的时间，节省10倍以上的交易成本，同时还能减少100倍的油轮燃油污染。

除了抵达西班牙马德里等多条洲际铁路的开通外，中国还与俄罗斯就研究建设中俄高铁达成共识。连接中国南方与新加坡之间的高速铁路构想也已在研究中。此外还计划建设从由中国企业掌握管理权的巴基斯坦西南部瓜达尔港直通新疆的铁路。“条条大路通北京”，北京的外交人士如此评价“一带一路”。以复兴古代商路的方式鲜明展现出构建以中国为核心的经济圈构想。中国希望通过“一带一路”运输网振兴沿着古代丝绸之路建立的经济和文化联系，“丝绸之路经济带”预计经中亚和东欧将中国东部和西欧连接起来，而“21世纪海上丝绸之路”则是经红海和地中海将中国东海岸与希腊比雷埃夫斯港等连接起来的海上航线。中国将这些建成新东西方贸易路线的庞大计划视作连接地中海海域和欧洲大陆，从而加快欧洲市场融合的途径之一。“一带一路”新项目的启动，意味着欧亚经济共同体正在诞生。欧洲越来越多地参与亚洲的项目，也给欧洲经济增添新的活力。《日本经济新闻》报道称，中国提出了“合作”和“共赢”的新型国际关系，通过加强经济力量以及和其他各国的联合，形成被称为“命运共同体”的松缓经济圈，以确保国家安全。德国《世界报》表示，“一带一路”和亚投行一样，有利于形成一个多极世界秩序，并让更多的国家积极参与。德国墨卡托中国研究中心专家鲁道夫指出，通过开辟新的贸易路线，中国有望刺激经济增长，减少对个别国家和市场的依赖。“一带一路”可以加强中国作为一个贸易大国的地位。[①]

随着“一带一路”倡议的推行，中欧班列也已经成为地方对接国家倡议、抢滩国际市场以及“稳增长”的主要抓手之一，这为“丝绸之路经济带”逐步培育了交通基础。2011年3月，自重庆出发的首趟中欧班列从新疆阿拉山口口岸出境，标志着铁路开始成为海运、空运之外连接亚欧大陆的第三条运输大道；2013年，“一带一路”共建倡议提出，推动中欧班列进入高速发展期；2015年3月，发改委、外交部、商务部联合发布《推动共建丝绸之路经济带和21世纪海上丝绸之路的愿景与行动》，明确将中欧班列建设列为国家发展重点；2016年6月8日起，中国铁路正式启用“中欧班列”统一品牌；2018年中欧班列共开行6300列，同比增长72%；截至2018年年底，中欧班列累计开行数量达到1.3万列，国内有59个城市开行中欧班列，运行线路达65条，通达欧洲15个国家49个城市。近年来，随着中欧班列数量以及回程开行班列的快速增长，中欧班列所运输货物品类极大丰富，去程主要包括电子产品、机械制品、化工产品、木制品、纺织品等；回程主要包括欧

① 《“一带一路”点燃世界热情欧亚经济时代来临》，环球网，2015年3月30日，http://news.china.con/internationdlgd/10000166/20150330/19441339.html.

洲机电产品、食品、医疗器械、汽车零部件、机械设备、酒类、电子产品、木材等。目前中欧班列逐步实现常态化经营，运营模式日趋稳定。从货运量来看，截至2019年3月底，中欧班列已经累计开行超过1.4万列，运送货物超过110万标箱。但从国内外贸货物实际运输方式来看，中欧班列仍有巨大的成长空间，目前国内超过九成的外贸货物还是通过海运完成，其次是陆路口岸公路运输，中欧班列外贸货运量占比不到1%。中欧班列作为“铁轨上的‘一带一路’”，架起了中国与欧洲、世界联系的桥梁，推进了中国与沿线国家的互联互通。不仅发挥着货物运输通道的功能，更是承载着吸纳全球资金、资源、技术、人才等产业要素，发挥全球产业衔接功能的使命。①

目前中欧每年陆路运输量7000多万吨、海运量2亿多吨，但大部分货物都是由中国出口欧洲，而欧洲出口到中国的货物仅有少量的精密仪器、机械、高档服装等。亚欧大陆是一个巨大的国际市场，“一带一路”倡议所覆盖的市场，人口占全球的60%，GDP占全球的30%左右，相对于世界其他地方，亚欧大陆在未来最有发展潜力。通过“一带一路”可以很好地打开中国的开放格局，有助于贸易和投资的便利化。

---

① 《2019年中欧班列开行发运情况分析 中西部是绝对主力》，前瞻网，2019年7月25日，http://field.10jqka.com.cn/20190725/c612742130.shtml.

中国与中东欧国家将会在高铁、电站、公路等基础设施建设方面展开合作，而中国的企业也将通过投资设厂的方式为中东欧国家带去其所需要的能源设备、电子产品等制造业。自2011年欧元区债务危机爆发以来，中国企业在葡萄牙的投资额超过100亿欧元。中方参建的塞尔维亚E763高速公路、马其顿两段高速公路、波黑斯坦纳里火电站等项目都已经开工建设并进展顺利，同时，黑山的南北高速公路项目也将于近期启动建设。目前，一些中国企业正在积极探讨参与中东欧有关国家的核电、火电、高速公路等项目的投资和建设。海关统计表明，中国与中东欧国家的双边贸易额已从2012年的521亿美元，增加到了2014年的602亿美元，在短短两年间就增长了15.6%。其中，中方出口由388亿美元增至437亿美元，进口则由134亿美元增至165亿美元，二者分别增长12.6%和23.1%。而在2003年时，中国与中东欧的贸易额还只有87亿美元。据不完全统计，目前中国企业在中东欧国家的投资已超过50亿美元。专家指出，中东欧是“一带一路”沿线的重要组成部分，在许多领域都与中国有着巨大的共同利益和共赢空间。[①]

耶鲁大学终身教授陈志武表示，中国“一带一路”倡议的逐步实施会继续强化亚洲的世界地位。2010年左右，

① 王俊岭：《热点聚焦：中企“出海”瞄准中东欧》，人民网，2015年6月5日，http://cpc.pople.com.cn/n/2015/0605/c83083-27108319.html.

亚洲国家在世界GDP的占比开始超过美国。未来20年，亚洲国家总体经济量在世界占比继续上升。目前看，亚洲国家在国际事务中的影响力和话语权已经不断上升。统计数据显示，2010年亚洲对世界经济增长的贡献率超过50%；2010年亚洲出口额已经占到全球出口额的31.6%，比2000年提高了约5%；2010年亚洲区域贸易已经占到亚洲对外贸易总额的52.6%，较2000年增加了3.7%。亚洲已经形成了多层结构、互为补充的区域合作格局。正如渣打银行的报告所说，虽然一些主要新兴经济体发展减速令人担忧，但包括中国、印度、印度尼西亚在内的几个较大的新兴经济体稍加改革就会触动经济振兴。国际货币基金组织发布的预测，2014年和2015年，亚洲经济增长率分别为5.4%和5.5%。亚洲开发银行2019年4月3日发布的《2019年亚洲发展展望》报告称，大部分亚洲发展中经济体增长势头依然强劲，但随着全球需求放缓和贸易紧张局势持续，今年和明年的增长速度将会放缓。虽然下调了亚洲经济增长预期，但亚行维持了去年对2019年中国经济增长6.3%的预测值不变。在全球经济不确定性因素影响之下，亚行报告预计2019年和2020年亚洲发展中国家增长率将分别放缓至5.7%和5.6%，低于2018年的5.9%。除中国香港、韩国、新加坡和中国台北等新兴工业化经济体外，其他亚洲发展中经济体的增长率今明两年将分别达到6.2%和6.1%，低于2018年的6.4%。对于亚洲以外经济体的表现，亚行保持审慎，预计受美国财政和货币政策收紧、英国无序“脱欧”的可能性和贸易摩擦等因素影响，今明两年美国、欧盟和日本的整体增长率将分别下降至1.9%、1.6%和1.6%。[①]按汇率计算，亚洲经济占世界经济的比重现已达到27.5%的水平，到2020年亚洲将成为世界最大的经济区域，在世界经济格局中的地位越来越重要。进入21世纪以来，亚洲区域内贸易额从8000亿美元增加到3万亿美元，亚洲同世界其他地区的贸易额从1.5万亿美元增加到4.8万亿美元，这充分表明亚洲区域合作具有凝聚力和吸引力。

自改革开放以来，我国与“海上丝绸之路”沿线国家的经贸合作规模越来越大。2012年，我国与“海上丝绸之路”沿线各国贸易总额为6900亿美元，占我国对外贸易总额的17.9%；中国企业对沿线国家非金融类直接投资57亿美元，占我国企业对外投资的7.4%；中国企业在沿线国家承包工程营业额422亿美元，占全国对外承包工程总营业额的37.9%。上述三组数据远高于“丝绸之路”经济带，因此，“海上丝绸之路”建设虽不等同于中国—东盟“10+1”自由贸易区，但启动起来却能够带动各相关方

① 《亚行下调亚洲经济增长预测　维持2019年中国经济增长预测值不变》，《经济参考报》，2019年4月4日，https://finance.sina.com.cn/roll/2019-04-04/doc-ihvhiewr3056448.shtml.

货物贸易、服务贸易及投资的大幅提升，因而可以把“海上丝绸之路”建设作为中国与东盟全面经济合作的“升级版”。[①]

随着“一带一路”建设的明晰化、具体化，外界对它有了更加直观和全面的了解与认知。但受思维模式、理念差异和利益分歧等因素的影响，西方国家对“一带一路”存在诸多的误读，并试图影响相关国家，干扰“一带一路”建设的顺利推进。最受关注的一种误读是将“一带一路”看作中国版的“马歇尔计划”，认为“一带一路”折射出中国在周边地区扩展影响力的强烈意图，并刻意强调两者之间形式上的相似，即都将本国资金、技术送到迫切需要的国家和地区。另外，由于没有美国参与，“一带一路”被误读为对美国重返亚太战略的强有力的回击，而由中国主导的亚投行被误读为对美国主导的世界银行的直接挑战。美国明尼苏达大学政治学系副教授凯瑟琳·柯林斯（Kathleen Collins）认为，“一带一路”倡议带动中亚国家与中国建立更为紧密的经贸关系，从而削弱美国“新丝绸之路”计划经过阿富汗的贸易和能源通道的作用。美国国家情报总监詹姆斯·克拉珀（James Clapper）在2014年2月众议院的一次听证会上表示，中国

① 谷源洋：《大国汇集亚洲与中国“经略周边”——“21世纪海上丝绸之路”建设》，《亚非纵横》，2014年第5期。

在宣称他们所认为的“天定命运”（Manifest Destiny）论时表现出强烈的侵略性。受其影响，美国乔治·梅森大学国际政策学院帕特里克·曼迪斯（Patrick Mendis）博士突发奇想地将“一带一路”与美国建国初期提出的“门罗主义”（Monroe Doctrine）进行比较，认为中国目标是在全力恢复汉唐和明初的盛世，在亚洲传播本国文化，推行中国版的“天定命运”。这种观点背后暗含中国要在亚洲划分本国势力范围，进行理念输出，试图建立“中国人主导下的亚洲秩序”，而将美国排除在外。还有一些西方媒体和学者大肆渲染，中国借助“一带一路”，加速建设现代化海军，不断提升本国的海军实力，目标剑指全球海上霸权。美国海军战争学院的海军问题专家詹姆斯·霍尔姆斯（James Holmes）就认为中国通过“一带一路”切断美国与盟国之间的联系，而不断排除美国在亚洲的影响力。美国国防大学太平洋指挥中心学者克里斯托弗·沙尔曼（Christopher Sharman）认为，“海上丝绸之路”意味着中国远洋海军实力的逐步升级。同时，外界推断中国会在南海问题上态度更加强硬，臆断中国会在印度洋地区对印度实施海上战略包围，并试图绕过马六甲海峡打造中国主导下的亚洲海上交通要道。还有少数西方媒体和学者认为中国是在借“一带一路”推进“新殖民主义”（Neocolonialism）。这种观点认为中国建设“一带一路”的主要目标是获取相关国家的石油和矿产资源；还推断中国企业为了追求利润最大化，而不顾当地的环境保护和民众福利，威胁相关国家的生态安全和社会稳定。①

“一带一路”的目标是实现整个区域的互融互通，最终目标是覆盖区域的人心相通。未来日益紧迫的任务是培育更多的能够帮助中国讲好故事、发好声音的国际友人，尤其是相关国家的学者、青年和有社会影响力的民间人士，只有这样才能使“一带一路”被不断地注入正能量。“一带一路”倡议涵盖中亚、南亚、西亚、东南亚和中东欧等国家和地区，总人口约44亿，经济总量约21万亿美元，分别约占全球的63%和29%。从内涵来看，“一带一路”倡议包含的内容极其丰富，既包括传统意义上的自由贸易协定，也包括了区域合作，还有经济走廊、经济开发区、互联互通、人文交流、跨国运输线、金融合作等。“一带一路”的建设不仅有利于中国拓展向西开放的空间，也有利于欧盟拓展向东开放的空间，这是真正互利共赢的安排。通过建设“一带一路”，欧洲在亚洲国家能够获取更多的商业机会，也有助于欧盟扩大资源及客户配置的范围。

2017年中欧班列建设发展取得重要阶段性成果，开行

---

① 黄日涵、丛培影：《“一带一路”的外界误读与理性反思》，《中国社会科学报》，2015年5月13日第六版。

数量迅猛增长，全年开行3673列，同比增长116%，超过过去6年的总和。国内开行城市已有38个，到达欧洲13个国家36个城市，较2016年新增5个国家23个城市，铺设运行线路达61条。运行效率提升，铺设了时速120公里中欧班列专用运行线，全程运行时间从开行初期的20天以上逐步缩短至12～14天；运行成本不断降低，整体运输费用较开行初期下降约40%。此外，中欧班列货源品类不断丰富，由开行初期的手机、电脑等IT产品逐步扩大到衣服鞋帽、汽车及配件、粮食、葡萄酒、咖啡豆、木材等品类，涵盖了沿线人民生产生活的多个方面。①

二、轨道交通在"一带一路"倡议中发挥重要作用

"一带一路"倡议连接了世界上跨度最长、最具发展潜力的经济走廊，该战略的最终实现可能需要30～50年。

这一区域经济体量与发展潜力巨大。"一带一路"沿线国家人口总数达44亿，经济总量约21万亿美元，分别占全球的63%与29%。进入21世纪以来，亚洲区域内贸易额从8000亿美元增加到3万亿美元，亚洲同世界其他地区的贸易额从1.5万亿美元增加到4.8万亿美元，这充分表明亚洲区域合作具有凝聚力和吸引力。2013年亚洲经济占世

① 《2017年中欧班列开行3673列，超过去6年总和》，http://m.thepaper.cn/news Detail_forward_1961668.

界经济的比重现已达到30%的水平，到2020年亚洲将成为世界最大的经济区域，在世界经济格局中的地位越来越重要。作为最大的发展中国家和最大的发达国家集团，中国和欧盟合起来分别占到世界人口总数的1/4和经济总量的1/3，而且各自构成世界的重要一极。2014年，中欧每天的贸易量超过17亿美元，全年贸易额超过6000亿美元。2009—2013年，双方贸易增长了71%，欧盟持续成为中国第一大贸易伙伴。

这一区域内发展不均衡。“一带一路”沿线既有经济发达的欧盟、东亚地区，也有不发达和欠发达的南亚、中亚、东北亚等地区。57个主要国家的统计计算结果显示，2013年人均GDP水平低于1万美元（世界平均水平是10500美元）的国家有35个。这些国家的人口总数达到39.5亿人，占全球的55.3%，但GDP仅占全球的20%；人均GDP为3862美元，仅相当于这一区域平均水平的76.5%和全球平均水平的35.7%。

“一带一路”的带动作用明显。自改革开放以来，我国与“海上丝绸之路”沿线国家的经贸合作规模越来越大，2012年，我国与“海上丝绸之路”沿线各国贸易总额为6900亿美元，占我国对外贸易总额的17.9%；中国与丝绸之路经济带沿线各国贸易总额达5495亿美元，占我国外贸总额的14.2%；与中亚的双边贸易额达到459.4亿美元，中国企业在沿线国家承包工程营业额422亿美元，占全国对外承包工程总营业额的37.9%。2014年我国与“一带一路”国家或地区进出口双边贸易值接近7万亿元人民币，增长7%左右，占同期我国外贸进出口总值的1/4。其中，我国对“一带一路”沿线国家的出口增长超过了10%，进口增长约为1.5%。未来10年中国对“一带一路”沿线地区的出口占比有望提升至1/3左右，我国在“一带一路”上的总投资有望达到1.6万亿美元。中国对“一带一路”周边60多个国家的投资占我国对外投资总额的比例为17%左右，中国吸收这些国家的投资额则只相当于中国吸收外资总额的7%左右，这说明中国与“一带一路”沿线国家和地区在投资领域有很大的增长潜力。根据世界银行数据计算，1990—2013年，全球贸易、跨境直接投资年均增长幅度为7.8%和9.7%，而“一带一路”相关65个国家同期的年均增长幅度分别达到13.1%和16.5%；据测算，未来5年内，中国的累计进口将超过10万亿美元规模，如果其中一半左右来自“一带一路”相关国家，将会为这一地区提供超过5万亿美元的出口机会。对基础设施建设的投资，不仅本身能够形成新的经济增长点，带动区域内各国的经济，更可以促进投资和消费，创造需求和就业，为区域各国未来发展打下坚实的基础。根据基础建设的乘数效应，每投入10亿美元的基础建设投资，将新增3万～8万个就业岗位，国内生产总值增加25亿美元。

目前，“一带一路”倡议在沿线许多国家开始起步。按照《泛亚铁路网政府间协定》的规划，一张连通欧亚大陆的四线铁路网已经成型：包括连接朝鲜、韩国、俄罗斯、中国、蒙古国、哈萨克斯坦等国直达欧洲的北部通道；连接中国南部、缅甸、印度、伊朗、土耳其等国的南部通道；连接俄罗斯、中亚、波斯湾的南北通道；连接中国、东盟及中南半岛的中国—东盟通道。这4条线路将连接起28个国家和地区，总里程达8万多公里。据相关资料显示，当前中国的“一带一路”投资结构大致上电力投资占20%，铁路投资占19%，其他投资主要为公路、管道和其他领域的项目。从目前看，全球基础设施的缺口很大，亚洲每年基础设施建设需求超过1.75万亿美元，欧盟对跨欧运输网络投资的需求也高达1.5万亿欧元。中国远洋海运集团是响应“一带一路”倡议积极走出国门的企业，该企业已经在“一带一路”沿线国家和地区投资了18个港口和码头。来自发改委的消息表明，截至2018年底，推进“一带一路”5年来，高效畅通的国际大通道加快建设。中老铁路、中泰铁路、匈塞铁路建设稳步推进，雅万高铁全面开工建设。汉班托塔港二期工程竣工，科伦坡港口城项目施工进度过半，比雷埃夫斯港建成重要中转枢纽。中缅原油管道投用，实现了原油通过管道从印度洋进入我国。中俄原油管道复线正式投入使用，中俄东线天然气管道建设按计划推进。

另外，“一带一路”贸易畅通、资金融通、民心相通也成就斐然。在全球贸易持续低迷的背景下，2013年至2017年，中国与共建“一带一路”国家贸易总额增幅为4.88%；2018年，我国企业在56个共建“一带一路”国家非金融类直接投资156.4亿美元，同比增长8.9%。我国与共建国家已经建设80多个境外经贸合作区，为中国企业海外投资找到新空间。2018年，亚投行，迎来三次扩容，新纳入9个成员国，成员国总数达到93个，遍布世界各大洲。一大批项目陆续开工或建成，其中民生、文化领域的占比越来越大，为当地民众带来实实在在的收益。在柬埔寨西哈努克港，中国企业不光是开发建设了工业园，还配套建设了职业学院，毕业后进园区上班成为当地很多学生的梦想。从基础设施到经贸往来，从金融互通到人文交流，共商、共建、共享的“一带一路”合作理念得到国际社会的广泛认同。“一带一路”倡议，正沿着“和平、繁荣、开放、绿色、创新、文明”的方向，朝着高质量发展的未来迈进，为构建人类命运共同体注入新的动力，为全球治理体系现代化贡献中国智慧。①

① 《“一带一路”倡议提出近六年　数说建设成果》，央视网，2019年4月10日。

三、中国交通理念能够走向未来

工业革命以来的历史表明：制造业和交通业双强携手决定了一个国家的地位和影响力，世界经济重心由此不断迁移。自2010年美国失去制造业第一大国地位之后，有迹象显示，美国交通业大国地位也岌岌可危，衰落迹象明显。这些因素包括：（1）20世纪积累的交通红利即将消耗殆尽；（2）日益失去对现代交通业发展的引领作用；（3）美国交通业革命性变革的曙光难以出现；（4）交通理念的狭隘。中国应及时抓住全球交通业变革的战略机遇期，一方面建立综合性大交通体系，引领世界交通业革命性变革；另一方面要树立惠及全球的交通思维，将中国交通的新思路、新模式、新成果积极向外传播。

（一）美国交通业大国地位渐渐动摇

（1）美国交通红利即将消耗殆尽。美国的繁荣正是抓住了几次交通业革命带来的发展机遇。20世纪初随着铁路运输的兴盛，到1916年西方发达国家尤其是美国修建的铁路就达到40多万公里，位居世界第一；二三十年代汽车业的发展，到1970年前后建成高速公路近10万公里、其他公路640万公里，均居当时世界第一；“二战”后，美国航空业取得快速发展，通过开放空域鼓励私人飞机发展等政策激励，目前西方发达国家主要是美国已经成为全球最大的航空市场，通用机场数、客运量、货运量在2018年底前均居世界第一。美国政府通过特殊的政策设定，促进了不同时期交通业的快速发展。随着经济高速发展的终结，美国交通业不均衡发展的弊端日益显现，交通红利即将丧失。铁路方面：以美国为例，2016年运营里程23万公里，货运量19亿吨，客运量接近3000万人次，仅占其国内运输市场份额的0.1%。而中国以12.4万公里运营里程，完成货运量33.32亿吨，客运量达27.7亿人次，占国内运输市场份额的14.6%。公路方面：美国基础设施的总体评价为D+级。全国50%以上的船闸使用了50年以上。目前，美国65%的公路已经进入维修期，其中25%的桥梁如果不进行大翻修将无法承载现在的交通量。超过7万条桥梁需要维修，单单是地面交通的维护就需要约1.7万亿美元。航空方面也面临着恐怖袭击、种族歧视、服务低下及私人机场的扩张等问题的困扰。在有识之士眼中，美国交通业正在走下神坛。

（2）美国正在失去对现代交通业发展的引领作用。美国交通业似乎已经陷入一种锁定状态，无法摆脱原有交通基础的辉煌以及由此带来的束缚，守成不易，创新更难。西方发达国家尤其是美国空有全球最长的铁路线，随着对金融服务业及航空运输带来的巨额利润的追逐，货运量难有大的起色，客运量微乎其微，集高科技、大流量的高铁项目难以上马；公路路况不堪，城市交通拥挤，落后的基础设施造成的燃油费用及时间成本每年达1200亿美元；由于美国的道路设计没有提供专门的自行车道，人车共用的尴尬局面使得共享经济无法施展。早在2007年，美国前运输部部长玛丽·彼得斯就认为美国现有的交通模式失败了，需要像新科技、拥堵费征收和加大私有行业投资这样的新方法才能让美国再次领先。10年后的今天，这种领先局面仍未出现。如何协调几种传统运输方式共存共荣，如何探索前沿高端的运输方式，美国迄今没有解决之道。而美国的停滞不前并不意味着其他国家原地踏步，中国的高铁技术、中国的共享单车模式已成功地将世界的目光吸引到东方。

（3）美国交通业革命性变革的曙光难以出现。当前，美国以燃油税为中心的税制越来越难以为继，资金问题成为每次交通法案颁布的主要障碍，而新的科技革命使得变革所需的天量成本急剧上升，吸引人才的成本不断提升。改变税收途径抑或创新交通基金发展模式，对这些影响交通业发展的核心问题美国政府始终举棋不定。在美国2018财年预算中，关于交通的预算被砍掉13%，尤其是一些针对城市交通的项目，白宫打算减少10亿美元的预算，取消对16个项目的拨款。据美国土木工程师协会预计，2016—2025年，美国基础设施投资面临1.44万亿美元资金缺口。而2015—2020年，美国高速公路和桥梁投资需要1200亿美元，而现在各级政府每年的预算仅831亿美元；公共交通需要171亿美元，而目前的投资仅能达到43亿美元。绿色、低碳的共享单车模式受到了政府公共交通部门的质疑，遭遇和当年Uber几乎一样的困境，立法、审核以及运营许可均制约了共享交通在美国的发展。与此不同的是，中国这些年每年均有2万亿元左右政府投资并吸引大量的民间资本投资交通业，充裕的资金使得行业规模、业绩屡创新高，创新不断。

（4）美国交通理念狭隘。考察美国几次大的变革，均存在片面、非理性、高损耗式的发展特点，美国目前面临的问题均与此有关。19世纪五六十年代美国联邦政府赠予铁路的土地总数多达1.29亿英亩，政策扶植使得1890年美国铁路完成的运输量，几乎两倍于其他运输形式的运量。由于新的利益集团出现，联邦政府于1887年开始对铁路进行管制，铁路行业由盛转衰。1956年国会通过以发展公路交通为核心的《联邦援建公路法》，随后一系列相关法规也不断加以引导，洲际高速公路快速上马，迅速达到近10万公里世界第一的路网规模。相关利益集团主导美国这个"车轮上的国家"达半个多世纪，公路无计划地扩张产生大量低密度的郊区，造成公共交通更加难以覆盖。"个人富足与公共部门贫穷"长期存在。尽管美国政府一直支持发展高铁计划，与中国合作的高铁项目却因政府阻挠频频毁约，举步维艰。截至2016年底，美国共有各类机场2万多个，私人机场就占到1.5万个。特朗普强调的“美国是美国人的美国”，其潜台词是“美国是精英集团、利益集团的美国”，因此，美国的交通便利化绝不允许普通美国人、其他国家人民搭便车。

（二）我国交通业发展能够有所作为

（1）汲取西方国家交通发展的片面性教训，建立综合性大交通体系。西方发达国家铁路长度第一但效益一般，高铁在日本、法国发端却是中国让它走向世界，美国公路、航空发达但问题多多，这种种弊端都是我国应引以为戒的。中国应该大力发展和建设各种运输方式互补式的综合性大交通体系，发掘每一种交通方式的生命力，避免走技术壁垒、服务阶层片面化的死路。

（2）抓住战略机遇期，引领现代交通业革命性变革。新经济是人流、物流、信息流的高度统一，缺一不可，交通服务于人类发展，交通助力经济腾飞。目前，世界经济低位徘徊，美国发展动能不足，美国无暇顾及交通业变革的需求和信号，中国应抓住这个难得的战略机遇期，牢记交通业惠及民生、造福世界的行业初衷，大力发展高铁装备制造、磁悬浮、无人驾驶、共享交通、路桥技术、远洋运输等技术和交通类型，引领现代交通业革命性的变革，实现“开始一公里”“最后一公里”的无缝对接，加大资本投入，增强科技创新能力，实现相关交通技术装备经由“一带一路”向全球扩散，诱发交通业变革在中国的最快实现。

（3）树立中国交通惠及全球的战略思维。相对于“美国是美国人的美国”这种狭隘的民族主义观念，中国应树立“服务全球”的公仆思想，致力于构建人类命运共同体的大同思想。中国的各种交通工具不仅给中国人带来便利，外国人也能享受到由此带来的交通红利。因为，中国的交通不仅是中国的，也是属于世界、属于全人类的宝贵财富，中国交通便利性、环境友好、国家治理优越性有目共睹。我国并没有像西方国家那样搞技术封锁，中国的高铁已经销往102个国家和地区，2016年对外签订了高达180亿美元的高铁协议，比2015年增长了40%。亚投行、丝路基金、金砖国家开发银行等为技术输出、发展合作提供资金支持，新的合作模式、新的发展计划也在不断酝酿实施过程中。

（4）积极对外传播中国交通业的新思路、新模式和新成果。服务于三四亿人与服务于几十亿人的交通理念差别不只是数字的不同。相比于美国交通业只专注于服务中产阶级、服务于资本的交通理念，中国不仅要践行创新、协调、绿色、开放、共享的发展理念，还要将中国交通业的新思路、新模式和新成果积极向世界传播。在美国，公共交通不发达，人性化服务缺失，即使中部铁锈区的居民到南加州的硅谷去一趟也是奢侈行为，更不要说到美国旅游的外国人面临的诸多不便。而美国退出《巴黎协定》无疑助长了碳排放的无节制增长、迟滞相关产业的升级换代，服务于资本服务于特殊利益阶层显然无法与共享理念相融合。我国正可以借此机会开展合理有效的对外传播，技术装备需要“走出去”，命运共同体的新理念更需要“走出去”，中国交通业可以担当开路先锋。

（三）中国轨道交通进入发展新阶段

轨道交通装备技术创新体系初步形成。我国轨道交通装备产业已初步建立了国家轨道交通装备技术创新框架，已建成以现代轨道交通国家实验室为代表的国家级研发机构10家，国家创新型企业5家，国家认定企业技术中心13家。形成了以国家工程技术研究中心、国家工程研究中心、国家实验室、国家重点实验室、国家工程实验室、国家认定企业技术中心为骨干，覆盖基础技术、共性技术、产品实现技术的研发创新体系。我国《铁路中长期发展规划》中明确指出，到2020年全国铁路营业里程达到12万公里以上，未来几年铁路年均增长有望保持在4000公里左右。在城市轨道交通方面，到2020年，我国将建设城际轨道交通和客运专线约1.5万公里，需要投入2万亿元资金，其中各类技术装备的购置和安装费用占35%～40%。因此，城际客运专线的建设将为轨道交通装备制造产业提供7000亿～8000亿元市场空间。

伴随我国持续加大对轨道交通的投入，轨道交通装备产业将进入黄金发展期。其中，城市轨道交通即将迎来井喷，今后较长一段时期有望保持每年2500～3000辆的持续增长，年市场规模150亿～200亿元；动车组同样需求强劲，受高铁通车高峰的来临的影响，年增长量也将长期保持在300～400辆的水平，年市场规模600亿～800亿元；机车（动力车头）市场每年需求700～1000辆，年市场规模140亿～200亿元；货车随着近年铁路货运能力提升，铁路货车需求在逐年提升，年平均将有7万～8万辆的需求，年市场规模300亿～320亿元；客车（客车车厢）保有量有望保持4%的增长，年需求约7000辆，年市场规模200亿元左右。

中国中车通过技术引进、合资合作、产品出口、售后服务以及国际交流，提供铁路机车车辆产品，实现了产品从批量出口到技术输出、资本输出、服务输出的跨越。海外市场由发展中国家向发达国家拓展，出口产品种类由单一性向多元化、个性化方向发展。从产品“走出去”到产能“走进去”、品牌“走上去”方向延展，出口遍布世界上100多个国家和地区。通过提升整合全球资源、应对全球竞争、满足全球需求的能力，加快从出口企业向跨国公司和全球企业方向发展，加速国际市场布局和开拓，不断提升跨国指数，为世界提供安全、可靠、高速、舒适、环保的产品和服务，为全球轨道交通的可持续发展提供有效的解决方案。中国中车经过多年来的快速发展和积淀，已经成为世界铁路机车车辆行业之翘楚。公司的机车车辆新造产品销售收入自2008年以来连续8年位居世界第一。根据德国SCI Verkehr公司2014年的报告统计，在世界九大类机车车辆产品中中国中车拥有5项第一，即：电力机车、高速列车、客车、货车和地铁车辆。在可以预见的未来10年之内，中国轨道交通市场都将凭借其万亿级的市场规模，长期占据全球最大轨道交通市场地位。我国轨道交通装备产业通过引进消化吸收再创新，整体研发能力和产品水平大幅提升，初步掌握了高速动车组、大功率交流传动机车、重载和快捷货运列车、城轨车辆、大型养路机械、列车运行控制、行车调度指挥、计算机连锁、综合监控等产品制造技术。大功率交流传动机车、高速动车组、城轨A型车等产品已批量投放市场并稳定运行。动车组、城轨车辆、内燃机车、大型养路机械等轨道交通装备产品已出口到俄罗斯、澳大利亚、巴西、印度、阿根廷、土耳其、伊朗、马来西亚等国家。